KB268034

성취의 언어
담담하게, 당당하게

성취의 언어: 담담하게, 당당하게

1판 1쇄 인쇄   2026년 2월 20일
1판 1쇄 발행   2026년 3월 1일

지은이   김섭
발행인   권정민
디자인   박신영
마케팅   김지연
발행처   어티피컬
등 록   2022년 3월 28일(제 2022-000025호)
주 소   (우)04313 서울시 용산구 청파로45길 34(청파동)
이메일   atypical.book@gmail.com
ISBN   979-11-995086-1-2 (03190)

* 잘못되거나 파손된 책은 구입하신 서점에서 교환해드립니다.
* 값은 뒤표지에 있습니다.

성취의 언어

담담하게, 당당하게

상대의 마음을 얻는 내 이야기의 힘

추천의 글

오랜 시간 음악과 언어를 통해 사람들과의 대화를 시도해온 사람으로서, 자신의 생각을 타인에게 온전히 전하는 일이 결코 쉽지 않다는 것을 잘 알고 있다. 지금껏 상상하지 못한 미디어 홍수의 시대를 살아가며, 넘쳐나는 정보들 속에서 무엇이 진실이고 무엇이 거짓인지 판단하기도 어려운 상황을 매일 마주하게 된다.

그렇기에 수많은 미디어와 언어 사이에서 어떻게 더 현명하게 소통할 것인가는 이 시대를 살아가는 우리 모두에게 중요한 질문일 것이다.

이 책의 저자는 한 개인이 겪기에는 꽤나 다채로운 경험들을 통해 '성공'이 아닌, 여전히 진행 중인 여정으로서의 '성취'라는 단어를 선택한다. 그리고 그 모든 성취의 중심에 늘 존재했던 사람과 사람 사이의 소통에 대해 이야기한다. 이 여정의 기록에, 독자들이 기꺼이 귀를 기울여주시길 바란다.

윤 상
대중음악 프로듀서

월스트리트의 최상위 인재들 사이에서도 결과의 차이를 만드는 결정적 요소는 결국 커뮤니케이션 역량이다. 전문성은 기본일 뿐, 어떤 언어로 설득하고 소통하느냐가 성취의 방향과 크기를 좌우하기 때문이다.

특히 다양한 문화권과 배경이 얽힌 글로벌 환경에서 소통의 기술은 생존과 직결된다. 대면 보고든 이메일 한 통이든, 일터에서 발휘되는 진정한 커뮤니케이션 스킬은 내가 하고 싶은 말을 쏟아내는 것이 아니라 듣는 사람에 맞춰 메시지를 전하는 것이다. 이 책의 탁월성은 커뮤니케이션의 초점을 화자의 화술이 아닌, 상대의 맥락과 이해에 두고 있다는 데 있다.

복잡한 이해관계 속에서 성취의 속도와 깊이를 결정하는 것은 상대의 마음을 읽어내는 소통의 힘이다. 이 책은 커리어 초입의 독자부터 막중한 책임을 짊어진 리더까지, 한 단계 더 높은 성장을 꿈꾸는 이들을 위한 실전 지침서가 되어줄 것이다.

김영하

JP모건 Executive Director

성취와 성공,
그리고 커뮤니케이션

우리는 어린 시절부터 '성공하는 삶'이라는 말을 지표처럼 듣고 자랐습니다. 마치 그것이 인생의 당연한 종착지인 것처럼 말이죠. '성공지향적'이라는 표현이 익숙할 정도로 많은 이들이 그곳을 향해 달려왔고, 저 역시 예외는 아니었습니다. 특히 10대와 20대 시절의 저는 막연히 '성공한 사람이 되겠다'는 일념으로 하루하루를 살았습니다. 직업을 선택할 때도, 인생의 방향을 설정할 때도 그 중심에는 늘 '성공'이라는 단어가 있었습니다. 하지만 문득 의문이 생겼습니다. 과연 어떤 삶이 진짜 성공한 인생일까 하는 의문 말입니다.

'성공'이라는 개념은 생각보다 훨씬 추상적입니다. 정답도, 명확한 기준도 없습니다. 그 잡히지 않는 목표를 향해 고민하고 열정을 쏟았던 시간들이 무의미하진 않았지만, 돌이켜보면 어딘가 허공을 향해 달렸다는 기분도 듭니다. 뜬구름을 잡으려 애쓰거나, 혹은 남의 기대에 맞추기 위해 나를 소진하는 수동적인 삶이었을지도 모릅니다.

사실 성공이란 인생의 어느 지점에서 스스로의 삶을 반추할 때 비로소 내릴 수 있는 사후 평가에 가깝습니다. 누군가 30대에 막대한 자산을 일구어 성공했다는 평을 듣더라도, 이후에 그것을 잃거나 실패를 반복한다면 그 인생을 실패라고 규정해야 할까요? 이렇듯 성공은 가변적이고 모호합니다.

그래서 저는 '성공'보다 '성취'라는 단어를 더 좋아합니다. 성취는 성공보다 훨씬 명확합니다. 무엇보다 성취는 '자기 자신'을 향합니다. 남의 시선이 아닌, 내가 원하는 방향으로 나아가는 능동적인 행위이기 때문입니다. 살을 빼고 싶을 때 '일주일에 세 번 운동하겠다'는 구체적인 계획을 세우는 것, 막연히 영어를 잘하고 싶은 게 아니라 '해외 진출을 위해 목표 점수를 따겠다'고 다짐하는 것, 혹은 아나운서를 꿈꾸며 발성과 이미지 트레이닝을 하나씩 실천해 나가는 과정. 이런 것들이 바로 제가 말하는 성취입니다.

이런 작은 성취들이 쌓여 또 다른 성취를 부르고, 그 과정이 반복되다 보면 어느 순간 우리는 자연스럽게 '성공한 인생'에 가까워져 있을 것입니다. 이것이 제가 '성공하는 삶'보다 '성취해 나가는 삶'을 사랑하는 이유입니다.

이 책은 성취를 위한 가이드북이 아닙니다. '메모하라', '일찍 일어나라' 같은 행동지침에 대한 이야기를 되풀이하고 싶지는 않습니다. 제가 나누고 싶은 이야기는 조금 더 본질적인 것입니다. 삶의 현장에 있는 여러분이 조금 더 쉽고 빠르게 '성취자'가 될 수 있도록 돕는 단 하나의 히든카드, 바로 '커뮤니케이션'에 관한 이야기입니다.

커뮤니케이션이라는 말이 식상하게 느껴질 수도 있습니다. 하지만 커뮤니케이션은 여전히, 그리고 미래에는 더욱더 중요해집니다. AI 시대가 되면서 외국어뿐만 아니라 기획도 AI가 대신 해주고 있습니다. 그런데 사람을 설득하고, 비즈니스를 성사시키고, 협상에서 이기고, 심지어 좋아하는 사람의 마음을 얻는 건 아직도 '사람의 능력'에 달려 있습니다. 그 중심에 커뮤니케이션이 있는 거죠.

저는 그간 꽤 다양한 직업을 경험했습니다. YTN 아나운서로 시작해 느닷없이 국정원 요원이 되어 자취를 감췄다가, 다시 나타나 MBC와 영국 BBC에서 기자로 일했습니다. 이후 스타트업 임원을 거쳐 지금은 PIPresident Identity 컨설턴트로 살아가고 있습니다.

제가 BBC에 입사했을 당시, 제 영어 실력은 결코 상위권이 아니었을 겁니다. 저의 경쟁자들은 대부분 영어가 모국어였습니다. 그럼에도 합격할 수 있었던 이유는 무엇일까요? 면접관들은 '입사'라는 목표에 최적화된 저의 커뮤니케이션 역량에

'설득'당했기 때문입니다. 다행히 BBC 또한 단순한 언어 실력보다 커뮤니케이션의 본질을 꿰뚫어 볼 줄 아는 곳이었습니다.

저는 제 이력이 특별하다고 생각해 본 적이 없습니다. 방송계에는 늘 탁월한 인재들이 넘쳐났고, BBC에서는 세계적인 언론인들 사이에서 그저 '수많은 스태프 중 한 명'일 뿐이었습니다. 그렇다고 제 삶이 평범한 궤도였느냐 하면 그것도 아닙니다. 아나운서에서 기자가 되고, 또다시 직무를 통째로 바꿔버리는 저를 보며 주변에서는 '특이함'과 '우려' 섞인 시선을 보냈습니다. 누군가의 눈에는 제 커리어가 '제대로 꼬인 인생'처럼 보였을지도 모릅니다.

지금도 지인들은 제 커리어가 참 애매하다고 농담 섞인 걱정을 하곤 합니다. 하지만 직업이라는 틀에 가두어 보지 않고 '나'라는 사람의 서사로 바라보면 이야기는 달라집니다. 시간이 지나고 보니, 제가 진정으로 원했던 것은 아나운서나 기자라는 타이틀이 아니라 '커뮤니케이션을 잘하는 사람'이 되는 것이었습니다. 그 진심이 때와 장소에 따라 다른 직업의 형태로 발현되었을 뿐입니다. 저 스스로를 '언론인'이 아닌 '커뮤니케이터'라고 정의하는 순간, 제 커리어는 꼬인 선택이 아니라 단 한 조각도 버릴 것 없는 저만의 '서사'가 되었습니다.

커뮤니케이션이란 이런 것입니다. 단순히 유려한 말투를 익히는 것이 아니라, 나를 정의하고 표현하는 능력입니다. '말'이 아니라 '대화'를 하는 것입니다. 대화는 '나의 이야기'를 할 때 시작됩니다. 저에게 적용하면, 아나운서, 국정원, MBC, BBC

를 다녔다는 건 '팩트'입니다. 하지만 '좋은 커뮤니케이터가 되고 싶다'는 것은 저만의 해석이자 이야기입니다. 커뮤니케이션을 통해 저는 '애매한 커리어'를 나만의 '이야기'로 만들었습니다. 이것이 커뮤니케이션입니다.

가끔 이런 질문을 받습니다. "당신은 성공한 사람인가요?" 저의 대답은 "아니요"입니다. 저는 여전히 하고 싶은 것이 많고 세상이 궁금한, 돈이나 명예보다 경험 그 자체에 끌리는 사람입니다. 하지만 "당신은 성취자입니까?"라는 질문에는 자신 있게 "네"라고 답할 수 있습니다. '다양한 경험을 해보자'는 스스로의 목표를 지금까지 충실히 지켜왔기 때문입니다.

이 책을 쓰는 행위 또한 저의 새로운 성취 중 하나가 될 것입니다. 이제 여러분께 그 비결을 들려드리려 합니다. 제가 어떻게 성취를 이루어왔는지, 특히 커뮤니케이션이라는 도구를 어떻게 활용해 여기까지 올 수 있었는지를요.

"아나운서처럼 말하라"는 식의 뻔한 훈수가 아닙니다. 현실에서 즉시 활용할 수 있는 실전형 커뮤니케이션, 이를 통해 원하는 목표를 쟁취하는 법. 진정한 '성취자'가 되는 그 흥미로운 여정을 이제 시작해보겠습니다. 그래서 이 책을 읽는 모든 분이 자신의 삶을 매력적인 서사로 다시 써 내려갈 수 있기를 진심으로 응원합니다.

김섭

차례

추천의 글   · 4

들어가며   성취와 성공, 그리고 커뮤니케이션   · 6

1장   원하는 것을 얻는 협상의 기술
국정원 요원은 이렇게 설득합니다

압박을 느낄 때가 기회다   · 18

어떤 상황에서도 침착함을 유지하는 법   · 28

적의대처, 스스로 해내는 힘   · 39

일상의 모든 순간이 협상이다   · 48

요구가 아닌 욕구를 보라   · 57

'배트나'가 있는가?   · 64

양보도 전략이다   · 70

2장　말을 할 것인가 대화를 할 것인가

왜 아나운서처럼 말하고 싶어할까?

경쟁률이라는 허상　·　78

프로는 처음부터 완벽해야 한다　·　84

말에도 쉼표가 있다　·　85

아나운서처럼 말하지 마세요　·　98

대화는 대본이 아니다　·　104

호감형 사람들은 무엇이 다를까　·　111

3장 좋은 질문에서 좋은 글이 나온다

기자의 '질문하기'와 '글쓰기'

MBC 기자가 되다 · 124

글쓰기, 인간의 가장 근본적인 역량 · 132

스페셜리스트이면서 제너럴리스트가 되어야 한다 · 141

실수를 안 하는 것보다 대처가 더 중요하다 · 149

좋은 질문이 모든 것을 결정한다 · 158

모두에게 인정받으려다간 아무 일도 못한다 · 167

4장　소통은 말이 아니라 이야기로

BBC에서 배운 '내 콘텐츠' 만드는 법

당신은 무엇을 기여할 수 있습니까?　·　180

콘텐츠가 전부다　·　188

BBC가 특별한 소재를 찾는 법　·　195

스몰토크도 능력이다　·　202

김정은 사망 보도를 하지 않은 이유　·　216

영어를 잘한다고 유리할까?　·　225

5장 리더의 품격을 세우는 대화 습관

회장님도 브랜딩이 필요합니다

리더의 말은 회사의 얼굴입니다 · 236

모든 리더들의 고민, 대화력 · 244

때로는 보이는 것이 전부다 · 253

일상 대화도 셀프 브랜딩의 무대다 · 262

고수는 덜 말하고 더 듣는다 · 272

마치며　내 이야기를 진정성 있게 · 280

협상은 우리 일상의 곳곳에서 매일 일어난다.

언제 만날지, 무엇을 먹을지, 부탁을 들어줄지 말지,

감정을 솔직히 드러낼지 숨길지,

상대의 요구를 받아줄지 아니면

적당히 선을 긋고 거절할지.

우리는 하루에도 수십 번 크고 작은 협상을 하며 산다.

협상을 원치 않는다 해도 피할 수 없다.

1장

원하는 것을 얻는 협상의 기술

국정원 요원은 이렇게 설득합니다

압박을 느낄 때가 기회다

2014년, 늦봄과 초여름이 맞닿던 즈음이었을까. 아나운서로 일한 지 4년, 이제는 조금씩 적응이 되던 시기였다. 하루하루의 방송이 즐거웠고, 일상이 제법 단단해지고 있었다. 후배도 생기고 단독으로 맡은 프로그램도 있었다. 그 무렵의 나는 단순히 '직업인'으로서가 아니라 '방송인'으로서의 삶을 누리고 있었다. 마침 YTN이 서울역 시대를 뒤로하고 상암 DMC의 새 건물로 이전하면서, 일과 공간 모두가 새로워졌다. 모든 게 만족스러웠다. 그러던 어느 날, 한 선배가 내 호기심을 자극하는 이야기를 꺼냈다.

"국정원에서 사람을 뽑는다네? 너랑 잘 맞을 것 같은데?"

그 한마디에 기억 저편에 묻어뒀던 '요원'에 대한 기억들이 떠올랐다. 국정원 요원이라니. 누구에게나 묘한 호기심을 불러일으키는 단어가 아닐까. 아무나 갈 수 없고, 그들이 어떤 일을 하는지도 보안이기 때문에 공개되지 않는다. 영화 〈007 시리즈〉의 제임스 본드 같은 이미지로만 접하다 보니 일종의 '판타지'가 덧씌워져 있었다.

임무를 완수함으로써 나라와 사회에 기여할 수 있다면, 훗날 내 인생을 돌아봤을 때 "꽤 괜찮게 살았다"고 말할 수 있지 않을까. 그런 상상이 가슴을 뛰게 했다. 방송에 흥미를 잃은 것은 아니었다. 젊음의 특권 중 하나가 '새로운 걸 두려워하지 않는 마음'이라면, 그때의 나는 그걸 누리고 있었을 뿐이다. 남들이 잘 가지 않는 길이라도 내가 좋으면 가보고 싶다는 내 본능적 성향이 이력서를 쓰게 만들었다. 어떻게 보면 정보요원에 대해 잘 몰랐기 때문에 도전할 수 있었다고도 할 수 있다.

국정원 채용은 언론사와 비슷한 점이 많아 준비하는 데 비교적 큰 어려움은 없었다. 다만, 요구하는 서류가 이렇게 많을 수 있을까 싶을 정도였다. 서류 제출조차 하나의 '허들'처럼 느껴질 만큼 까다로웠다.

시간이 꽤 흐르고, 모르는 번호로 전화가 걸려왔다. '그곳'이었다. 서류 전형에 통과했고, 필기시험에 참석하라는 안내였다. 그리고 마지막으로 "합격 여부를 외부에 알리지 말라"는 짧은 당부가 이어졌다. 합격이라는 반가운 소식이었지만, 이상하게도 기분이 마냥 좋지는 않았다. '국가정보원'이라는 이름이 주는 무게감이 서서히 실감나기 시작한 것은 그때부터였을 것이다.

필기시험을 통과했고, 어느새 면접 전형까지 닿았다. 한 단계씩 합격할 때마다 "누설 금지"라는 경고가 반복되었다. 부모님께도 차마 말씀드리지 못했다. 그래서였을까. 면접을 앞두고는 심적 압박감이 꽤 컸다.

면접 당일, 통보받은 장소에서 국정원 직원들과 '접선'을 했다. 그들은 나를 데리고 어디론가 이동했다. 어디로 가는지도, 지금 어디쯤인 지도 알 수 없었다. 영화나 드라마에서 본 국정원의 모습은 현실에선 전혀 볼 수 없었다. 그만큼 보안이 철저한 조직이었다. 아이러니하게도 입사하고 나서야, 내가 그토록 상상했던 국정원의 전경을 처음으로 볼 수 있었다.

끌려(?)가는 동안 속으로는 마인드 컨트롤에 한창이었다.
'아나운서 시험도 합격했잖아. 이 정도 압박감쯤은 괜찮아.'
침착함을 유지하라고 속으로 되뇌었다.

아나운서 면접도 결코 쉽지 않았다. 카메라와 전문 방송인들 앞에서 신입이지만 잘해내야 했으니, 보통의 면접보다 몇 배는 더 큰 압박이 있었다. 하지만 국정원 면접은 달랐다. 보안시설, 외부에 공개되지 않은 공간에서 진행된다는 사실만으로도 심장이 쿵쾅거릴 만큼 심리적으로 위축됐다. 낯선 긴장감이 좀처럼 가라앉지 않았다.

"상사가 부당한 지시를 한다면 어떻게 하겠나?"

'신비의 세계' 국정원 면접에 대해 미주알고주알 이야기하고 싶지만, 보안상 세세히 옮길 수는 없다는 점을 양해해주길 바란다. 국정원도 정보기관이기 이전에 정부 부처 중 하나다. 즉 요원들도 '공무원'이다. 그래서 통상적인 공무원 면접에서 나올 법한 질문들이 이어졌다. 국가에 대한 애국심, 그리고 지원자가 신뢰할 만한 사람인지에 대한 질문. 예상 가능한 범주의 질문들이었다. 나는 아나운서 출신이지 않은가. 준비한 답변을 전달력 있게, 일목요연하고 자신감 있게 말했다. 긴장감도 슬슬 풀려갔다.

그렇게 면접이 끝났다면 '국정원? 별거 없네' 했겠지만, 올 것이 왔다. 면접에는 면접관들의 질문 유형에 따라 굿캅Good cop과 배드캅Bad cop의 역할이 있다. 의도적으로 역할을 나누는 경우도 있지만, 질문을 주고받다 보면 자연스럽게 각자의 톤이 정해지는 경우도 있다. 그곳의 면접에서도 배드캅 역할을 맡은 분이 있었다. 그는 내 이력과 개인 신상에 대해 처음부터 대답하기 까다로운 질문들을 던졌다. 여기서부터는 보안상의 이유로 일부 각색한 질문들이다. 실제 질문과 완전히 일치하지는 않지만, 이해해주길 바란다.

"상사가 부당한 지시를 한다면, 당신은 어떻게 하겠나?"

취업 준비생이라면 인성 면접에서 자주 나오는 꽤나 까다로운 질문이라는 걸 잘 알 것이다. 보통 면접관이 이런 질문을 던질 때에는 분명한 의도가 있다.

첫째, 상사도 함께 일하는 동료 중 하나인데, 지원자가 조직 내에서 어떻게 관계를 맺고 원만하게 지낼 수 있는지를 본다.

둘째, 난처한 상황에 놓였을 때 얼마나 유연하고 부드럽게 문제를 해결할 수 있는지를 본다.

셋째, 불법적이거나 조직에 해가 될 수 있는 부당한 일에 대해 동조할 사람인지, 아니면 정직함과 책임감으로 조직의 가치를 지킬 사람인지를 확인한다.

사실 이런 질문에는 명확한 답이 없다. 장표의 숫자가 틀리면 고치면 되고, 보고서에 내용이 누락됐다면 추가하면 된다. 하지만 방금 같은 상황은 소위 '정답'이 있다고 보기 어렵다. 명확한 답이 없는 질문, 그런 것들이 바로 압박 면접에서 자주 등장한다. 피할 수 없다. 그럴 땐 속으로 나지막이 외쳐라. '기회다!' 압박 면접을 받기 전에 사소한 실수가 있었다거나, 뭔가 임팩트 없는 맹탕 같은 면접을 보고 있었다면 오히려 반전의 찬스가 온 것이다. 속으로 쾌재를 부를 순간이다.

쇼트트랙 경기에서 마지막 한 바퀴를 알리는 종이 울릴 때, 뒤에 있던 선수가 역전을 노리고 모든 에너지를 끌어모으는 장면을 떠올려보면 된다. 입맛을 한 번 다시고, 앞선 선수를 추월할 찰나를 기다리는 그 순간처럼 말이다. 누군가에겐 엄청난 압박이겠지만, 압박면접이야말로 가장 배점이 높은 구간이다. 이 순간에 점수를 딴다면, 당신이 원하는 '합격'을 이룰 결정적 기회가 된다. 그렇다고 흥분하라는 건 아니다. 오히려 침착하고 담담하게 압박 질문을 맞이할 준비를 해야 한다.

압박 질문의 의도를 파악하자

압박 질문을 던지는 면접관은 대개 예민하고 까다로운 성격인 경우가 많다. 방심했다가는 어떤 말 한마디에도 물고 늘어질 수 있다. 그럴 때일수록 겸손하고 차분한 태도로, 내 생각을 정리하며 소신껏 대답하는 것이 현명하다. 그것이 면접관이 진짜로 보고 싶어하는 모습이기도 하다.

앞선 예를 살펴보면, 질문의 핵심 키워드는 세 가지 정도로 정리할 수 있다. 바로 관계, 유연함, 정직성이다. 이 세 가지 키워드를 어떻게 조합하느냐에 따라 답변의 완성도가 달라진다. 예를 들어 상사에게 부당한 지시를 받았을 때는, 우선 업무 내용을 한 번 더 확인해보는 것이 좋다. 그 뒤 자신의 자리로 돌아와 지시한 내용을 꼼꼼히 검토한다. 그럼에도 여전히 납득이 가지 않는다면, 빠르게 사수나 차상위 상급자에게 관련 업무에 대해 조언을 구하며 유연하게 해결 방안을 찾는다.

만약 그 과정에서 해당 업무가 불법적이거나 회사에 피해를 줄 수 있다는 확신이 든다면, 조용히 그리고 은밀하게 감사팀에 알리는 것이 바람직하다. 정직함을 지키되, 관계를 깨뜨리지 않는 태도. 그 균형을 보여주는 것이 바로 현명한 답변이다.

이 정도로 답변하면 압박 질문에 꽤 잘 대응한 편일 것이다. 하지만 배드캅 역할을 맡은 면접관은 한 발 더 나아가 꼬리 질문을 던질 수도 있다.

"내부 고발자가 되어 회사에서 부당한 대우를 받거나, 어려운 상황에 놓일 수 있는데… 정말 그렇게 할 수 있습니까?"

이럴 때는 당황하지 않는 게 상책이다. 면접관은 지원자의 진정성을 시험하거나, 더 압박했을 때 '진짜 속마음'이 드러나길 기대하며 묻는 경우가 많다. 그렇기 때문에 앞서 한 말과 상반되는 답변을 던지면 오히려 역효과가 난다.

이럴 땐 회사가 원하는 인재상에 맞는 태도로 담담하게 이야기하면 된다. 직업적인 책임감과 소명의식이 더 중요하다든지, 그 정도의 어려움은 충분히 감수할 각오가 되어 있다고 말하는 식이다. 강단 있으면서도 겸손하게 답하면, 면접관에게 충분히 만족스러운 인상을 남길 수 있다.

나도 당시 이 같은 질문과 추가 질문을 받았다. 국정원 요원은 누구나 예상하듯 기밀 유지와 국익을 위한 정보 획득이 주요 업무일 것이다. 그와 관련된 질문이었고, 조금 각색하자면 이런 식이었다.

"당신이 정보요원으로서 국가의 이익을 위해 타국의 정보를 캐내야 하는, 이른바 스파이 업무를 해야 한다면 어떻게 하겠는가?"

정보요원이 스파이 역할을 맡는다는 사실은 누구나 아는 일이다. 그러나 도덕과 윤리, 법적 잣대를 들이대면 대답이 쉽게 떨어지지 않는다. 각국의 정보전이 치열한 상황에서 '오로지 합법적인 활동'만으로 정보 수집이 가능하다고 말하기는 현실적이지 않다. 만약 내가 "저는 합법의 테두리 안에서만 정보활동을 하겠습니다"라고 답하면, 면접관은 '그럼 외교부 직원이냐'라며 실망할 수 있다. 반대로 "불법이라도 불사하겠습니다"라고 대놓고 말하는 것도 분명한 잘못이다.

그렇다. 이 또한 정답이 없다. 본능적으로 압박 질문임을 알아챘고, 3초 정도 숨을 골랐다. 내 존재감을 확실히 각인시킬 기회가 찾아왔다고 생각했다.

이 질문에서 면접관이 보고 싶었던 건 세 가지 정도였을 것이다.

첫째, 정보요원으로서 내가 어떤 자신감을 갖고 있는지.

둘째, 섣부른 무모함이나 무지함으로 국가나 조직에 피해를 주지 않을 사람인지.

셋째, 문제를 해결하는 과정에서 사고가 얼마나 용의주도한지를 확인하고 싶었을 것이다.

그날 내가 한 답변은 이랬다.

"요원은 어떤 상황에서든 임무를 완수하는 걸 목표로 움직여야 합니다. 그래서 평상시 정보를 얻어야 할 대상에 대해 치밀하게 공부하고, 누구보다 전문가가 되어 있어야 합니다. 임기응변도 준비된 사람에게만 온전히 발휘되는 영역이라고 생각합니다. 사안이 발생하기 전에 잘 준비되어 있음은 물론, 임무가 주어지면 어떻게든 목표를 완수하겠다는 정신으로 임하겠습니다."

답변을 마치자 면접관들 대부분은 만족스러운 표정을 지었다. 하지만 배드캅 역할을 맡았던 면접관은 쉽게 고개를 끄덕이지 않았다. 나를 조금 더 몰아붙여, 진짜 속마음을 확인하고 싶었던 것 같다.

"상대국 정보를 얻기 위해 스파이 업무를… 그래서 할 겁니까, 안 할 겁니까?"

한 발 더 압박함으로써 내 진정성을 시험하려는 질문이었다. 국정원 요원을 실제로 본 적은 없지만, 머릿속에는 제임스 본드처럼 국익을 위해 위험을 감수하고 임무를 완수하는 장면이 떠올랐다. 그 이미지를 떠올리며, 나만의 답변을 빠르게 정리했다. 다시 숨을 고르고, 약 5초 정도 생각을 가다듬었다.

"국익에 반드시 필요한 상황이라면, 앞서 말씀드린 대로 어떤 경우에도 조국에 피해가 없도록 은밀하고 치밀하게 임무를 완수하겠습니다. 더 좋은 방법이 있다면, 입사 후 유능한 선배 요원들로부터 노하우를 적극적으로 배우겠습니다."

그제야 배드캅 면접관은 만족했다는 듯 조용히 고개를 끄덕였다. 그리고 나는, 그 압박의 순간을 잘 넘긴 덕분에 '최종 합격'이라는 결과를 얻을 수 있었다.

압박은 기회다. 배점이 높은 만큼, 그 순간을 차분히 잘 넘기면 흐름을 완전히 바꿀 수 있다. 이는 단지 면접에만 해당하는 이야기가 아니다. 비즈니스 협상이든 결혼 승낙을 얻기 위해 부모님을 만나는 자리이든 다르지 않다. 대부분의 압박 질문에는 명확한 정답이 없다. 정답을 찾느라 시간을 허비하지 말고, 그 질문을 통해 상대가 무엇을 확인하려는지를 읽어내야 한다. 그들은 당신에게서 듣고 싶은 대답이 있다. 질문의 의도를 빠르게 파악하고, 그에 맞는 키워드 두 가지 이상을 중심으로 대답하라. 핵심어가 명확한 답변은 곧 논리와 사고력을 보여줄 기회가 된다.

압박 질문에 대한 답변만큼 중요한 것은 '태도'다. 겸손하면서도 담담하게 대답하는 태도는 그 자체로 당신이 얼마나 진지하고 신중한 사람인지를 드러낸다. 상대는 말보다 그 말에 담긴 태도를 본다.

평소 '말을 잘한다'는 이야기를 자주 듣는 사람들이라면, 임기응변에 의존하지 않는 것이 좋다는 이야기를 전하고 싶다. 임기응변은 말 그대로 임시방편이며, 어쩔 수 없는 상황에서 쓰는 차선책일 뿐이다. 말의 유연함보다 중요한 것은 준비된 말의 힘이다. 아는 만큼 보이고, 준비한 만큼 정답에 가까운 답변을 내놓을 수 있다.

어떤 상황에서도
침착함을 유지하는 법

지인들에게 나의 성격 중 강점을 물으면, 대부분 '차분함'과 '침착함'을 꼽는다. 나 스스로도 그렇게 느낀다.

열 살도 채 되지 않았을 때였다. 동네 친구들과 야구를 하다가 배트에 이마를 맞았다. 피가 펑펑 쏟아졌고, 주변 아이들은 놀라서 울고 소리쳤다. 응급실로 실려가 열 바늘을 꿰맬 때도 아프다고 소리치지 않았다. 고통에 대한 역치가 높았던 걸까, 그저 덤덤하게 치료를 받고 퇴원했던 기억이 난다. 스무 살 무렵엔 어머니가 요리를 하시다 불이 날 뻔한 적이 있었다. 주방에서 "불이야, 어떡해!"라며 허둥지둥하던 어머니를 붙잡고 말했다.

"엄마, 일단 나가자. 다 타도 돼요. 우리 집에 그렇게 값비싼 건 없잖아요."

그렇게 어머니를 먼저 대피시킨 뒤 침착하게 불을 껐다. 나중에 어머니는 "넌 무슨 애가 인생 다 산 사람처럼 불이 나도 놀라질 않니"라며 내심 칭찬하셨던 기억이 난다.

아나운서 준비생이던 시절에도 마찬가지였다. 합격 여부와 상관없이 늘 평온했다. 긴장 속에서도 실수나 오독을 한 적이 없었다. 합격이든 불합격이든 상관없이, 그날 내가 준비한 걸 후회 없이 다 보여줬다는 만족감이 늘 남았다.

여기에 방송 경험까지 더해지니 점점 더 '긴장'으로부터 자유롭게 되었다. 한층 업그레이드된 평정심으로 국정원 채용 전형을 하나씩 통과했고, 마침내 최종 관문이자 국정원 채용의 '꽃'이라 불리는 신원조사를 앞두고 있었다. 국정원의 신원조사는 지원자 본인은 물론 가족과 친척들까지 포함된다. 범죄 이력, 사회적 평판 등 국가 안보를 보호하기 위해 반드시 거쳐야 하는 과정이다. 사실 이 절차에는 다소 과장된 소문이 많다. '나라의 녹을 먹는' 공무원이라면 누구나 비슷한 신원조사를 받기 때문에, 그 자체가 두려워할 만한 일은 아니다.

다만 국정원은 국가의 주요 정보를 다루는 기관이기에 그 검증의 범위와 깊이가 훨씬 더 세밀하다. 지원자의 입장에서 보면, 필기시험이나 면접은 노력으로 대비할 수 있지만 신원조사는 달랐다. 노력으로 바꿀 수 없는 영역이기 때문에, 오히려 그 불확실함이 두려움으로 다가왔다.

아무튼 그럼에도 당시 나는 어떤 정보도 없는 한 명의 지원자에 불과했다. 소문만 무성했던 국정원 신원조사에 영화 속

상상력을 총동원하며, 호기심 반 두려움 반의 마음으로 발걸음을 옮겼다. 면접 때와 마찬가지로 어딘지도 모를 곳으로 이끌려갔고, 문 앞에 서자 문득 생각이 들었다.

'이번엔 어떤 사람이 나를 맞이할까?'

문을 열고 들어서자마자 면접관의 인상에 압도되었다. 모든 전형을 거치며 만난 직원 중 가장 험상궂은 얼굴, 사나운 눈매였다. 순간 본능적으로 긴장했지만 다행히도 내 강점인 평정심이 그때도 작동했다. 면접관과 몇 마디 인사를 주고받자 금세 차분해졌다.

'국정원 직원도 사람이다. 여기서는 요원이지만, 밖에선 그냥 아저씨 아닌가.'

그렇게 마음을 가라앉혔다. 나는 평정심을 유지하는 데엔 늘 한 가지 원칙이 있다. '떨어지면 어떤가. 여기 합격 못하면 어떤가. 갈 곳이면 가겠지.' 이런 생각을 스스로 주입시킨다. '반드시 붙어야 해', '이게 안 되면 내 인생은 끝이야'라는 마음은 오히려 족쇄가 되기 때문이다. 지금껏 살아오며 느낀 건, 어떤 시험의 합격 여부나 자리가 인생의 행복에 미치는 영향은 생각보다 크지 않다는 것이다. 결과에 과도하게 집착하지 않다 보니, 자연스레 평정심을 유지할 수 있었던 것 같다.

신원조사 과정은 나에 대한 질문이 대부분이었다. 검증 절차의 일환이었기 때문일까. 누구라도 얼굴이 붉어지거나 불쾌할 법한 질문들이 이어졌다. '내가 이렇게까지 코너로 몰릴 수 있나?' 싶을 정도였다. 속으로는 당황했지만, 가장 당혹스러운 질문이 나왔을 때는 오히려 내가 역으로 면접관에게 질문을 던졌다. 험상궂고 감정이 없어 보이던 면접관이 잠시 멈칫하더니 조금 당황한 기색을 보였다. 그리고는 이렇게 말했다.

"김섭 씨 같은 지원자는 처음 보네요. 배포가 아주 큽니다. 우리 회사 면접에서 역으로 질문하는 사람은 아마 처음이지 않을까 싶네요."

그 말과 함께 그는 껄껄 웃었다. 내 질문에 대답해주진 않았지만, 그 이후로 질문의 톤이 확실히 달라졌다. 앞서처럼 날카롭던 분위기가 조금은 누그러졌던 것으로 기억한다.

일반적으로 면접장에서 지원자가 면접관을 당황시키는 건 결코 좋은 전략이 아니다. 오히려 역효과로 불합격의 이유가 될 수도 있다. 하지만 내 경우는 조금 달랐다. 정보요원을 뽑는 자리였다는 특수성이 가장 크게 작용했을 것이다.

롤 모델을 만나다

정보요원이라 함은 상상하는 그대로다. 정보전이 벌어지는 첩보 현장에서, 어떤 상황에서도 침착하고 차분하게 정보를 수집해야 한다. 생명의 위협이 목전에 닥쳐도 냉철함을 잃지 않고 임무 완수에 집중해야 한다. 그런 직무의 특성상, 역질문이라는 대담함이 어느 정도 긍정적으로 작용했던 것 같다. 또한 나는 극한의 상황에서도 결코 당황하지 않는 '평정심'을 어필하고 싶었다. 그렇게 신원조사관을 잠시 당황하게 만들었던 덕분일까. 입사 후 "그놈 참 당돌하더라. 원래부터 우리 직원인 줄 알았다"는 말까지 들었다.

입사하고 나서 보니 국정원에는 침착하고 차분한 성정을 지닌 사람들이 대부분이었다. 요원이라서 그런 걸까. 누구도 자신의 감정이나 생각, 속마음을 쉽게 드러내지 않았다. 모두가 침착하고 차분하게 맡은 일을 묵묵히 해냈다. 그 모습에서 엘리트다운 품격이 느껴지는 동시에, 어딘가 사람 같지 않은 차가움도 함께 느껴졌다.

물론 예외도 있었다. 쉽게 템포를 잃고 화를 내거나, 늘 불만을 달고 사는 이들도 있었다. 그런데 신기한 건, 안에서 새던 바가지가 밖에서는 절대 새지 않는다는 점이었다. 외부 임무를 수행할 때는 모두가 철저히 프로였다. 냉정하고 계산적인 모습으로, 감정을 완벽히 통제한 채 행동했다. 가끔은 그런 국정원의 채용 과정이 놀랍기도 했다. 사람 냄새라고는 나지 않는, 차디찬 사람들이 한데 모여 있는데도 조직은 정확히 돌아갔다.

그중에서도 내가 특히 존경하는 한 분이 있다. 신입 연수 때 처음 만난 분으로, 지금 생각해도 국정원에서 가장 '완벽한 정보요원'에 가까운 사람이었다. 회사 안에서든, 밖에서든 인간적인 품격이 느껴지는 분이었다. 그분만큼 침착하고 차분하며, 어떤 상황에도 냉정하게 문제를 바라보고 흔들리지 않는 사람은 아직까지 만나지 못했다.

국정원은 실무에 투입되기 전 합숙훈련을 거친다. 지금은 훈련 방식이 달라졌을지 모르지만, 과거 다큐멘터리에서 소개된 바와 같이 외부와 완전히 차단된 채 6개월 이상 동기들과 함께 생활한다. 공수, 해양, 사격 등 요원이 되기 위한 전 과정을 배우며, '요원으로 다시 태어나는' 시간이다. 미디어에는 눈길이 갈 만한 특수 훈련 장면만 비쳐지지만, 실제로 합숙훈련의 본질은 다르다. 위국헌신爲國獻身의 정신 아래, 국가와 민족을 위해 살아가는 존재로 거듭나는 것. 다시 말해, 그동안 몸에 밴 '사회물'을 빼고 '요원화'되는 과정이었다.

이렇게 여러 사람이 한 공간에 갇혀 훈련을 받다 보면 크고 작은 일들이 생길 수밖에 없다. 열정적으로 훈련에 임하다 보면 다치는 사람도 생긴다. 특히 공수 훈련 주간에는 낙하 도중 다리가 부러지는 등 부상을 입는 동기들도 있었다. 당시엔 전국적으로 메르스가 확산되던 시기라, 단체생활을 하는 우리에게는 그야말로 고비였다. 무엇보다 30대 청년들이 외부와 단절된 채 장기간 합숙하다 보니, 이들의 멘탈과 건강을 관리하는 일은 결코 쉬운 일이 아니었다.

구체적으로 밝힐 수는 없지만, 크고 작은 문제들이 연이어 터졌다. 동기들끼리 '이건 어떻게 해야 하나' 싶을 만큼 난감한 상황이 반복되곤 했다. 그런데 신기하게도 그분에게 문제가 '인풋'으로 들어가면, '아웃풋'으로 나오는 결과값은 늘 같았다. '아무 문제없이 해결됨.' 그분의 손을 거치면 모든 일이 자연스럽게 정리됐다. '이 문제가 저렇게도 풀릴 수 있구나' 감탄이 절로 나올 때가 많았다.

퇴사한 뒤에도 그분의 이야기를 종종 들었다. 누구에게 든 한결같이 칭찬 일색이었다. 국정원 내부는 경쟁이 치열하고, 때로는 승진을 둘러싼 정치적 마찰도 있었다. 심리전에 능한 요원들이라 누구 하나 만만한 사람이 없었다. 그런 조직에서조차 그분은 단 한 명의 적도 만들지 않은 채, 여전히 승승장구하고 있다고 했다.

내가 감히 판단하건대, 그분의 비결은 어떤 상황에서도 평정심을 유지하고 침착하게 문제를 바라보는 힘, 그리고 결국에는 해결해내는 결단력에 있었다. 어떤 문제라도 급하지 않게, 자기 속도에 맞춰 차분히 살피고 다각도로 분석하며 해답을 찾아내는 사람이었다. 그런 태도는 자연스레 주변 사람들에게 안정감을 주고, 깊은 신뢰를 얻게 만들었다. 인간관계에서 신뢰를 얻는 것만큼 강한 무기가 또 있을까. 사람과 조직에게 신뢰받는 사람이라면 '승진'과 같은 눈에 보이는 성취는 따라오기 마련이다.

침착함을 유지하는 5가지 방법

이처럼 목표한 성취에 닿는 과정에서 침착함을 유지하는 일은 언제나 당신을 유리한 고지로 이끌어준다. 그렇다면 어떻게 해야 침착함과 평정심을 꾸준히 유지할 수 있을까. 훈련 때 그분이 해주셨던 조언, 그리고 지금껏 내가 작은 성취를 이뤄오며 쌓아온 노하우를 여기서 함께 나누려 한다.

첫째, 통제할 수 있는 건 오직 자신의 내면뿐이라는 걸 항상 인식하라.

침착함을 유지하는 가장 확실한 방법이다. 사람 일은 마음대로 되지 않는다. 더 정확히 말하자면, 내가 '마음을 먹는 일'을 제외하면 그 어떤 것도 내 뜻대로 움직여주지 않는다. 가족도, 친구도, 세상도 그렇다. 하지만 '나 자신'만큼은 통제할 수 있다. 어차피 다른 변수들은 아무리 걱정해도 바꿀 수 없는 영역이다. 통제 불가능한 것에 에너지를 낭비하기보다, 통제 가능한 나의 마음을 단단히 붙드는 것이 중요하다. 내면의 방향을 바로 세우는 순간, 외부의 혼란은 더 이상 나를 흔들지 못한다. 그것이 침착함을 유지하는 가장 빠른 길이다.

둘째, 감정적인 언어 대신 중립적인 단어를 선택하라.

중립적 언어는 당신을 '침착한 사람'으로 만들어준다. '만들어준다'고 표현하는 이유는, 차분하고 논리적인 단어를 사용할수록 그 단어들이 반강제적으로 감정을 다스려주기 때문이다. 예를 들어 백화점에서 점원이 무례하게 대했다고 가정해보자. 화가 나는 건 당연하다. 그러나 그때 이렇게 말해보라.

"그렇게 말씀하시니 제가 조금 언짢네요."

'언짢다'는 표현은 감정을 드러내면서도 중립적이다. 실제로 '화가 난다' 대신 '언짢다'라고 말하면, 단어의 톤이 감정을 누그러뜨리고, 상대에게는 담담하게 전달된다. 그 순간 내 감정도 한풀 꺾이고, 상대 또한 차분해진다. 반면 "짜증 나네요", "어처구니가 없네" 같은 감정의 언어는 침착함을 무너뜨리고, 대화를 싸움으로 만든다. 평정심은 말의 선택에서 시작된다. 평소 사용하는 단어와 말버릇을 점검하고, 감정 대신 논리적이고 중립적인 언어로 말하는 습관을 들여라.

셋째, 타인의 일에 과몰입하지 말라.

남의 일이 내 일처럼 여겨질 때가 있다. 가족이나 정말 가까운 사람의 일이라면 그럴 수 있다. 하지만 요즘은 스마트폰과 SNS 덕분에, 굳이 알지 않아도 될 사람들의 사생활까지 실시간으로 알게 된다. 멀고 먼 사람들의 일상이 끊임없이 포스팅되어 내 눈과 귀로 흘러들어오니, 머리는 쉴 틈이 없다. 그 반응은 '좋아요'와 댓글, 공감, 그리고 설명하기 어려운 감정으로 이어진다. 그렇게 하루하루 반응하며 살다 보면, 평정심을 유지하기가 쉽지 않다.

우리 사회에서 중요시되는 가치 중 하나가 '공감'이다. 공감받고 싶어하고, 동시에 남을 공감해주는 걸 좋아한다. 그것 자체가 나쁜 건 아니다. 다만 주변 사람들의 모든 문제에 공감하려고 시도하는 건 불가능할 뿐더러, 당신의 일상과 관계, 감정의 균형을 무너뜨릴 수 있다. 우리의 에너지는 나이에 상관없이 유한하다. 모든 일에 반응하지 않고, 내가 공감해야 할 일과 흘려보내야 할 일을 구분해야 한다.

가령 의사가 환자의 안타까운 사정을 듣고 지나치게 감정이입한다면 냉정한 처치를 할 수 있을까? 침착한 사람은 냉정해서가 아니다. 자신의 에너지가 한정되어 있다는 사실을 알고, 몰입할 때와 물러설 때를 구분할 줄 알기 때문이다.

넷째, 상황을 가정하고 시뮬레이션 연습을 많이 하라.

평정심은 타고나는 게 아니라 훈련으로 단단해진다. 사전에 시뮬레이션을 반복적으로 해두면 실제 상황에서 침착함을 유지할 수 있다. 당연한 이야기지만, 반복적인 연습만큼 긴장감을 줄여주는 방법은 없다. 물론 타고난 강심장도 있겠지만, 대부분의 사람은 처음 겪는 상황이나 압박감이 큰 순간에는 당황하기 마련이다. 그것은 인간으로서 자연스러운 반응이다. 그래서 스포츠 선수들은 경기 전 반드시 시뮬레이션 훈련을 한다. 실제 경기장과 유사한 환경을 만들어 예상되는 상황을 반복적으로 연습하는 것이다. 그 과정이 경기 당일의 긴장감을 줄여주고, 평정심을 유지하게 만들어준다.

피겨스케이팅 김연아 선수 역시 수없이 반복한 시뮬레이션 훈련이 자신에게 평정심을 지켜준 비결이었다고 말한 바 있다. 그녀처럼 자신을 비슷한 환경에 적응시키는 과정은 긴장감을 덜어주고, 궁극적으로 최고의 성과를 이끌어낸다.

다섯째, 당황할 수 있는 상황에서는 5초의 퍼즈를 두고 대응하라.

우리는 서두를 때 종종 모양이 흐트러지거나 어수선해 보인다. 특히 말을 빨리 하려다 발음이 새거나 더듬으면, 아무리 좋은 말을 해도 정돈된 인상을 주기 어렵다.

많은 사람이 가진 공통된 습관이 있다. 상대의 질문에 즉시 대답해야 한다는 '강박'이다. 1초, 2초, 3초의 정적이 생기면 오디오가 비는 것 같고, 분위기가 어색해질 것 같아 불안해한다. 그래서 무슨 말이든 해야겠다는 생각이 든다. 그러나 바로 그 습관이 문제다. 생각하지 않고 내뱉은 말이 실수를 부르고, 중요한 상황일수록 그 실수의 여파는 커진다. 그럴 때 '무음의 시간'을 견뎌야 한다. 말하기 전에 생각하고, 생각이 정리된 후에 말하는 습관을 가져라. 고도로 훈련된 방송인조차 방송을 애드리브로 채우지 않는다. 처음 겪는 상황이거나 당혹스러운 질문을 받았다면 더욱 일단 멈춰라. 5초 정도 뜸을 들이는 건 이상한 일이 아니다. 오히려 그 짧은 침묵이 당신의 말에 무게를 더한다.

어려운 질문이 나왔을 때 정리가 되지 않은 상태로 서둘러 대답하는 건 좋지 않다. 5초의 퍼즈를 두고 답해도 충분하다. 무음이 어색하다면, 면접관의 질문을 한 번 더 되묻는 것도 좋은 방법이다. 예를 들어 "어려운 일을 극복해본 경험이 있다면 말씀해주세요"라는 질문을 받았다면, "면접관님 말씀은 제가 살아오면서 가장 힘들었던 일을 극복한 사례를 말씀드리면 될까요?"라고 되묻는 것이다. 이렇게 시간을 벌면 생각을 정리할 여유가 생긴다. 다만 이런 '패러프레이징'은 질문마다 반복하기보다 한두 번 정도가 적당하다.

성취에 닿은 사람들은 자신을 입증해야 하는 결정적인 순간에도 적당한 긴장감은 유지하되, 결코 당황하거나 허둥대지 않는다. 침착하게 평정심을 지키며 말하고 행동하는 사람은 실수와 오류가 적고, 더 좋은 결과를 만들어낸다. 결정적인 상황에서 평정심을 유지하려면 평소 언어 습관을 점검하고, 시뮬레이션 훈련을 반복해보라. 훈련된 침착함은 결정적인 순간에 당신을 지탱하는 가장 강력한 힘이 된다.

적의대처,
스스로 해내는 힘

국가정보원은 일반 기업이나 다른 정부 부처와는 비교하기 어려울 만큼 독특한 조직이다. 오히려 공통점을 찾는 것이 더 어려울 정도다. 그중에서 가장 먼저 꼽을 수 있는 특이점은 신분을 숨기고 살아야 한다는 점이다. 입사 전부터도 신분 노출에 극도로 예민해지는 경험을 하게 되는데, 채용 전형의 모든 과정에서 단계가 바뀔 때마다 채용 담당자로부터 "합격 여부를 누구에게도 알리지 말라"는 일종의 '경고'를 듣게 된다. 그 순간부터 나는 점점 '다른 세계의 규칙'으로 들어가고 있음을 실감했다.

'국정원직원법'에도 신분이 노출될 경우 받게 되는 불이익이 명확히 규정돼 있을 정도로, 직원 개개인의 보안 유지가 철칙임을 알 수 있다. 실무에 배치되면 요원으로서 신분 노출을 최소화하기 위해 반드시 가명을 사용해야 한다. 나 역시 가명이 있었다. 평생을 김섭으로 살다가 갑자기 생판 다른 이름으로 일을 하려니 어색하기 그지 없었다. 가명에 익숙해지기 위해 식당 예약조차 가명으로 했던 기억도 난다. 심지어 내부 직원들, 특히 다른 부서 사람들도 내 본명을 모르는 경우가 많았다. 그럼에도 가끔 정보활동의 실패 사례가 생기긴 한다. 웃프게도 '소개팅'이 신분 노출 위험이 가장 높은 케이스 중 하나라고 한다. 이성에 대한 호기심과 설렘이, 때로는 적국의 첩보 활동보다 더 무서운 법이다.

가명으로 사는 것만큼이나 특이했던 것은 '명사형 종결'에 대한 집착이었다. 공무원 조직이 대부분 그렇지만, 국정원은 보고서 작성이 모든 일의 시작이자 끝이었다. 전형적인 공무원 보고서에는 여러 원칙이 있었는데, 그중에서도 내가 가장 적응하기 어려웠던 것은 모든 용언(동사·형용사)을 명사형으로 끝내야 한다는 규칙이었다. 보고서는 대부분 한 장짜리여야 했고, 문장이 길어지면 안 됐다. 가능하면 한 문장 안에 모든 내용과 핵심 요지가 들어가 있어야 했다.

여기에 종결 어미는 예외 없이 명사형. 처음엔 숨이 막힐 정도로 답답했지만 지금은 이해한다. 공조직의 보고서는 무엇보다 객관성이 중요하고, 상급자는 하루에도 수십 개의 보고서를 보며 의사결정을 해야 한다. 단문 안에 핵심만 담긴 글이 이 조직에는 가장 효율적이었을 것이다. 돌이켜보면, 나의 문체가 차갑고 딱딱하며 목적 지향적으로 바뀌기 시작한 것도 어쩌면

'이곳'에서의 훈련 때문이 아닐까 싶다.

또 하나, 국정원에서 일하며 익숙해진 표현이 하나 있다. 바로 '적의대처適宜對處 하라'이다. 간결한 보고를 위해 한자어를 많이 쓰는 조직이긴 하지만, 그중에서도 단연 가장 자주 쓰이는 말이었다. '맞을 적'에 '마땅 의', 즉 알맞고 마땅하게 대응하라는 뜻이다. 내부 지침으로서의 적의대처는 단순한 지시가 아니다. 요원으로서 어떤 상황에서도 침착함을 유지하고, 정확하게 파악하고, 면밀히 살핀 뒤 스스로 최선의 방법을 찾아 임무를 완수하라는 의미다. 짧은 단어이지만, 그 안에 담긴 책임감은 요원 한 사람 한 사람에게 결코 가볍지 않은 무게로 다가온다.

정보기관은 조직의 특성상 요원 개인에게 전가되는 책임이 막중하다. 요원 한 명의 정보활동이 실패했을 때 당국은 그를 구제하기 위해 적극적으로 나서지 않는다. 그의 존재 자체를 부인한다. 첩보활동을 인정하는 순간 외교 분쟁이나 전쟁까지 번질 수 있는 만큼, 국가가 감당해야 할 피해 규모는 상상 이상이기 때문이다. 그렇다 보니 결과에 대한 모든 책임은 요원 개인이 떠안아야 한다.

야속하게 느낄 것 없다. 애초에 모든 요원이 감당해야 하는 숙명 같은 것이다. 그래서 그들은 조국을 위해 일하지만, 동시에 뒤에 아무도 없다는 사실을 뼛속 깊이 인식한 채 임무를 완벽하게 수행하려 한다. 누구도 나를 커버해줄 수 없다는 전제하에 일을 하다 보니, 작은 실수도 허용되지 않는다. 그런 긴장감 속에서 일해서일까? 내가 경험한 바로는, 전 세계의 요원들은 어느 곳에서 만나본 그 어떤 사람들보다 일을 잘하는, 소위 '일잘러'들이었다.

그렇다고 '적의대처 하라'가 마음대로 하라는 뜻은 아니다. 요원이 상황을 판단할 때는 법과 원칙, 그리고 적절성 여부를 논리적 사고로 철저히 살펴야 한다. 국가는 요원의 판단을 믿고 임무를 맡기지만, 동시에 그 판단의 결과에 대해서는 요원 본인이 책임져야 한다는 엄중함이 그 안에 담겨 있다.

닭이 먼저인지 달걀이 먼저인지 모를 일이다. 직원들의 역량이 뛰어나서 조직이 믿고 맡기는 건지, 아니면 조직이 믿고 맡기기 때문에 요원들의 역량이 더욱 단단해지는 건지는 알 수 없다. 그러나 최소한 현장에서 이뤄지는 정보활동만큼은 요원의 숙련된 판단력을 전제로 돌아간다는 사실만큼은 분명하다.

이처럼 요원들은 조직의 적의대처 지시에 익숙하다 보니, 무릎반사처럼 어떤 일을 맡게 되면 가장 먼저 자동적으로 논리적인 사고부터 작동한다. 겉으로 보면 '상황에 맞게 알아서 대처한다'는 말이 즉흥적으로 경험에 기대어 처리하는 것처럼 보일 수 있지만, 실제로는 정반대다. 사전에 치밀한 계획과 분석 없이 섣불리 덤비는 경우는 없다. 오히려 더 신중하고, 더 많은 변수들을 검토한 뒤 움직인다. '알아서 하라'는 말이 그들에게는 곧 '모든 가능성을 검토한 뒤 가장 정확한 해법을 찾아라'라는 뜻으로 작동하기 때문이다.

주어진 시간이 부족하고 난이도가 높은 과업이라 해도, 요원들은 먼저 침착하게 상황의 본질을 파악하고, 논리적으로 사고한 뒤, 법과 원칙을 살피며 해결 방법을 찾는다. 어려운 문제일수록 명확한 정답이 없는 경우가 많다. 아이러니하게도, 바로 그런 상황일수록 회사는 한 발 물러서 "적의대처 하라"고 지시한다. 그러면 '일잘러' 요원들은 깊이 사고하고 적절한 방법을 찾아낸 뒤 임무를 완수해낸다.

먼저, 왜 하는지 생각하라

안 되는 걸 되게 만드는 요원들의 능력은 어디서 나오는 걸까? 다양한 조직을 거치며 나는 이 물음에 대해 오래 고민해보았다. 그 끝에 내가 내린 결론은 '사고의 힘'이다. 그냥 하지 않고 생각하며 일하는 사람은 해결하기 어려워 보이는 일도 의외로 빠르고 단순하게, 그리고 정확하게 해내는 경우가 많다. 사전에 치밀하게 사고하며 업무의 목적과 본질, 그리고 시스템을 이해해두니, 애초에 문제를 잘못 파악해서 생기는 오류가 없다. 논리적 사고를 하다 보니 감정이나 시간 낭비도 현격히 줄어든다.

'왜' 해야 하는지를 이해한 사람은 그저 '어떻게 해결할까'를 고민할 뿐, 망설이거나 포기하지 않는다. 요원들이 일을 잘하게 되는 이유도 여기에 있다. 사고를 통해 논리적으로 해법을 찾아내는 과정이 하나둘씩 경험으로 쌓이고, 그 경험이 역량을 자연스럽게 끌어올린다. 그런 인재들이 모여 조직을 이루니, 함께 일을 잘할 수밖에 없는 환경이 된다. 서로의 사고방식이 촘촘히 맞물려 돌아가며, 한 사람의 강점이 또 다른 사람의 강점을 끌어올리는 구조가 자연스럽게 만들어지는 것이다.

누구나 '일잘러'가 되고 싶어한다. 서점에 가도 관련 서적이 넘쳐나고, SNS에서도 수많은 조언과 노하우가 흘러나온다. 여러 방법이 있겠지만, 일을 잘하기 위해 가장 먼저 해야 할 것은 단언컨대 '사고', 즉 생각을 먼저 하고 일에 덤비는 것이다.

모빌리티 스타트업에서 C레벨로 일하면서, 나는 직원들이 일을 바라보는 관점이 제각각이라는 사실에 적잖이 놀랐다. 일 잘하는지 여부를 떠나 나에게 '일한다'라는 개념은 단순히 상사가 시킨 업무를 처리하는 것이 아니다. 스스로 생각하고, 목적을 이해하고, 그 일을 성공적으로 수행하기 위한 전체 과정을 포함하는 것이다.

예를 들어, 상사가 나에게 "김섭 씨, 25년도 3분기 매출 분석 자료 정리해줘요"라고 요청했다고 치자. 그렇다고 곧바로 키보드를 두드리며 자료를 만들기 시작하지는 않는다. 먼저 '생각'부터 한다.

1. 어느 선까지 보고해야 하는 자료인가?

2. 이 자료는 어떤 목적에 쓰일 것인가? 회의용인가, 외부 미팅용인가?

3. 보고서 형식은 PPT, 엑셀, 이메일 중 어떤 툴이 적절한가?

4. 데드라인은 언제인가? 촉박한가, 여유 있는가?

이 네 가지를 먼저 생각해야 '정확한 산출물'이 나온다. 그리고 나서야 비로소 로우 데이터나 과거 자료를 찾아본다. 보고를 받는 사람이 어떤 스타일을 좋아하는지, 참고할 만한 레퍼런스는 무엇인지, 분량은 어느 정도여야 효과적일지를 충분히 고민한 뒤에야 작성에 들어간다. 여기서 끝나지도 않는다. 초안이 나오면 중간보고 형식으로 피드백을 먼저 구하고, 그 의견을 반영해 수정한 최종본을 기한 내 정확히 상신한다. 이것이 내가 생각하는 '일의 한 사이클'이다. 아무리 손이 빨라도, 생각 없이 시작하면 완성본이 목적과 어긋날 가능성이 매우 높다. 결국 다시 만들게 되고, 시간은 두 배로 낭비된다.

그런데 의외로 많은 직원들이 이렇게 하지 않는다. 지시받은 것만 1차적으로 수행하고 "했습니다"라고 보고한다.

간단한 업무 하나를 예로 들어보자. 총무과 팀장이 비품 담당 직원에게 이렇게 말한다. "사무실에 복사용지가 부족한 것 같은데, 미리 구비해둬요."

사고하지 않고 일하는 사람은 이것을 '그냥 시킨 일'로만 받아들인다. 그러니 A4용지 한 묶음을 주문하고 그걸로 일을 끝냈다고 생각한다. 하지만 그는 일을 잘해낸 것일까? "설마 그런 직원이 있겠어?"라고 말하는 사람도 있지만, 수많은 직장인들이 하소연한다. 사고하지 않는 동료, 후배, 심지어 팀장급도 있다고. 문제는 역량 이전에, 애초에 일을 대하는 태도가 다르다는 것이다.

다시 예시로 돌아가보자. 일을 잘하는 사람은 지시를 받는 순간 생각부터 한다. 먼저 현재 남아 있는 복사용지를 종류별로 파악하고, 과거 주문 내역을 확인한다. 그다음 월간·분기별 평균 사용량을 계산해 앞으로는 분기 단위가 적절한지, 월 단위가 나은지 판단한다. 절약할 수 있는 방법은 없는지도 함께 살펴본다. 이렇게 분석한 뒤 상황을 정리해 보고하고 주문까지 마쳐야 비로소 '제대로 일한 것'이 된다.

일잘러가 되고 싶다면 '이 일을 왜 하는가'부터 스스로 물어야 한다. 구조적으로 생각하고, 기존 방식보다 더 나은 방법이 있다면 보고한 뒤 과감히 시도해보는 것이다. 일을 시작하기 전에 먼저 생각하는 사람은 대부분 결과가 좋을 수밖에 없다. 그리고 그 좋은 결과는 어떤 식으로든 성과로 돌아온다.

'난 회사 일 잘하는 것에는 관심 없어. 내 일만 잘하면 되지'라고 생각하는 사람들도 있다. 회사 밖에서 N잡을 하는 건 좋다. 하지만 회사에 있는 동안 그저 시간을 보내며, 수동적인 자세로 시키는 일만 하겠다는 태도로 임한다면 그에게는 성취도, 성장도, 미래도 없을 가능성이 크다. 회사에서 얻는 대가는 급여만이 아니다. 특히 주니어일 때는 더더욱 그렇다. 그 시기에 반드시 얻어야 하는 건 경험치와 능력의 축적이다.

사고하지 않고 시키는 일만 반복하다 보면 시간은 흐르는데 손에 남는 것은 '물경력'뿐이다. 포트폴리오에 아무리 그럴듯하게 써놔도 몇 가지 질문만 하면 금세 밑천이 드러난다. 설령 운이 좋아 이직에 성공한다 해도, 일하는 방식을 바꾸지 않는 이상 새로운 환경에서도 인정받기 어렵다: 여전히 '남의 일'을 한다는 태도가 그대로이기 때문이다. 뿐만 아니라 이런 식으로 일하면 흥미는 금세 사라지고, 매너리즘에 빠지기 쉽다.

일을 잘하는 사람이 되는 건 어렵지 않다. 하지만 그 길을 선택하는 사람은 소수에 불과하다. 시간이 흐르고 직급이 오른다고 해서 능력이 저절로 고도화되는 것도 아니다. 기회는 항상 오지 않는다. 실력이 전부가 아닌 세상이라고들 하지만, 사회와 조직은 일 잘하는 인재에게 기회를 준다.

일상의 모든 순간이
협상이다

A 오늘 뭐 먹을까?

B 아무거나.

A 그럼 파스타는 어때?

B 오늘은 그건 좀….

A 아니, 방금 아무거나 상관없다며?

B 그게… 파스타 말고 다른 거면 될 듯?

누구나 한 번쯤 겪어봤을 법한 대화다. 삐끗하면 바로 다툼으로 번질 수도 있는 아슬아슬한 순간. 두 사람은 겉으로는 가볍게 대화하고 있지만, 사실은 각자 원하는 바가 있고 아직 그 합의점에 닿지 못한 상태다. 무엇 먹을지 결정하는 단순한 상황 같지만, 사실 그들은 각자의 목적을 위해 일종의 '협상 테이블'에 앉아 있는 것이다.

B는 속으로는 A가 알아서 메뉴를 정해주길 바라면서도 파스타는 먹고 싶지 않다. A는 '아무거나 괜찮다'는 말만 믿고 파스타를 제안했는데, 거절당하니 은근히 당황스럽다. 그 역시 마음속으로는 상대가 센스 있게 적당한 음식을 골라주길 바란다. 둘은 어떻게 합의점에 도달할 수 있을까? 아무 일도 아닌 듯 보이지만, 이 짧은 대화가 바로 '협상'이다.

가족 사이에서도 협상은 늘 일어난다.

엄마　주말인데 일어나서 방 청소 좀 하렴.

아들　이따가 저녁에 할게요.

엄마　저녁엔 너 학원 가잖아. 지금 치우면 좋겠는데?

아들　그럼 학원 다녀와서 치울게요.

엄마　그땐 8시 넘어서 청소기 못 돌리지 않니?

아들　그럼 어쩔 수 없죠. 일요일에 치울게요.

엄마　그럼 일요일 아침에 치우는 거다.

아들　네, 알겠어요.

아들은 오늘은 영 청소할 마음이 없고, 엄마는 주중 내내 방을 안 치운 아들이 신경 쓰인다. 두 사람 역시 앞선 커플의 예와 다르지 않다. 이미 협상의 테이블에 앉아 나름 치열한(?) 대화의 핑퐁을 주고받았고, 결국 '일요일 오전'이라는 합의점에

도달했다.

이처럼 협상은 우리 일상의 곳곳에서 매일 일어난다. 언제 만날지, 무엇을 먹을지, 부탁을 들어줄지 말지, 감정을 솔직히 드러낼지 숨길지, 상대의 요구를 받아줄지 아니면 적당히 선을 긋고 거절할지. 우리는 하루에도 수십 번 크고 작은 협상을 하며 산다. 협상을 원치 않는다 해도 피할 수 없다. 일상의 사소한 영역부터, 비즈니스 현장에서 목표한 바를 얻어내는 일, 더 나아가 국가 간 분쟁 해결에 이르는 문제까지 규모만 다를 뿐 모두 협상이다.

협상은 잘만 활용하면 우리가 원하는 더 유리한 조건을 선사해준다. 하지만 의외로 대부분의 사람들은 협상에 대해 제대로 준비하지도, 배우려 하지도 않는다. 이직이든, 연봉 협상이든, 비즈니스 미팅에서 상대와 협상해야 할 때조차 특별한 준비 없이, '그냥 되겠지' 하는 마음으로 무턱대고 테이블에 앉는다. 운이 좋아 좋은 결과를 얻을 수도 있지만, 말 한마디를 잘못하거나 감정이 올라오거나, 원하는 바를 어떻게 제시해야 할지 몰라 절반도 건지지 못한 채 돌아서는 경우가 많다. 그러나 다른 기술이나 능력처럼 협상도 적극적으로 배우고, 연구하고, 훈련해야 잘할 수 있는 영역이다.

협상의 목적은 윈-윈이다

협상에 관한 흔한 오해가 있다. 승자와 패자가 갈리는 제로섬 게임으로 보는 것이다. 옳고 그름을 따지고, 팩트와 논리로 상대를 압도해 승리자가 되는 데 의미를 두는 사람도 있다. 하지만 이것은 완전히 틀린 협상 개념이다. 협상에서 100 대 0을 기대한다면 단언컨대 잘못된 접근 방법이라고 말할 수 있다. 협상이란 서로 대화하고 교류하는 과정에서 각자가 일정 부분 대가를 치르거나 양보를 하되, 그를 통해 각자의 최대 결과물, 다시 말해 서로가 얻을 수 있는 최대 이익을 확보하는 것에 목표를 둔 행위다. 맞고 틀리고의 문제도 아니고, 이기고 지는 게임도 아니다. 협상은 목표지향적인 현실적 방법론에 가깝다.

그리고 협상에서 성과만큼 중요한 가치가 하나 더 있다. 바로 좋은 관계를 맺는 것이다. 부모와 자식 사이든, 커플 사이든, 각자 원하는 것만 주장하다가 관계가 틀어진다면 그 협상에 무슨 의미가 있겠는가. 회사 간, 국가 간 협상도 마찬가지다. 상대를 무너뜨리고 완벽하게 제압하는 데 초점을 맞춰 협상 테이블에 앉는다면, 그 이후로는 두 번 다시 함께 이야기를 나눌 기회가 없을 것이다. 어느 회사도, 어느 국가도 '이기려고만 드는' 상대와 다시 협상하고 싶어하지 않는다.

협상에 대한 우리의 인식이 '말싸움을 통해 상대를 굴복시키는 것'이라는 오해로 굳어진 데에는, 일정 부분 현실 정치판에 그 원인이 있다고 생각한다. 고성과 성토, 상대의 말을 들을 생각도 없고 답변 기회조차 주지 않는 모습들이 미디어를 통해 매일같이 노출된다. 그러다 보니 자연스럽게 모욕을 주거나, 소위 '논리로 패는 것'이 협상의 본모습이라고 착각하게 되는 것은 아닐까? 그러나 여당과 야당이 양보와 타협을 통해 합리적인 결과물을 도출하고, 목표지향적이면서도 상대에 대한 존중을 잃지 않는 태도야말로 우리 정치가 가장 필요로 하는, 진짜 협상의 모습이다.

　국정원에 있을 때 개인적인 경험으로는 정보요원들은 협상을 제대로 배우고 실천하고 있다고 느꼈다. 나 역시 협상에 대해 배웠고, 현장에서 직접 적용하며 여러 경험을 쌓았다. 반강제적으로 협상에 관한 한 나름의 전문가가 되어버린 셈이다. 목표한 바를 이루기 위해 사람을 어떻게 자연스럽게 설득하는지, 상대가 눈치 채지 못하는 사이 가랑비에 옷 젖듯 스며들어 원하는 정보를 얻어내는 방법은 무엇인지, 부정적 선입견을 가진 상대와 처음 마주했을 때 어떻게 호감으로 전환해 협상 결과를 이끌어내는지 등, 그동안 경험한 사례와 노하우를 공유해보려 한다.

　협상에서 가장 큰 무기는 무엇일까? 바로 감정이다. 협상은 논리와 대안의 싸움인 것 같지만, 결국 사람과 사람이 마주 앉아 하는 일이다 보니 감정의 영역을 무시할 수 없다. 상대의 감정을 어떻게 건드리느냐, 어떤 순간에 감동을 주고 또 어떤 순간에 실망을 안기느냐가 협상의 흐름에 있어 논리보다 훨씬 강하게 작용한다.

　감정의 영역에서 가장 결정적인 힘을 발휘하는 것이 바로 신뢰감이다. 우리는 호감 가는 사람을 떠올릴 때 '좋다', '편하다', '따뜻하다' 같은 느낌을 먼저 이야기하지만, 호감이 협상에서 진짜 무기가 되는 순간은 그것이 신뢰로까지 이어졌을 때다. 협상 테이블에서 상대가 끝내 믿을 수밖에 없는 사람, 그 단계에 도달해야 비로소 호감이 힘을 갖는다.

신뢰가 쌓이면 협상의 당사자들은 민감한 정보도 기꺼이 공유하게 되고, 숨겨져 있던 이해관계까지 드러낸다. 그러면 단순히 조건을 주고받는 흥정을 넘어, 공동의 해결책을 함께 모색하는 창의적인 협상이 가능해진다. 반대로 신뢰가 없으면, 단순한 제안 하나에도 상대는 방어적으로 반응한다. 경계를 좀처럼 낮추지 못하고, 작은 양보조차 쉽게 받아들이지 않는다. 협상은 깊이에 닿지 못한 채 피상적인 타협으로 끝나거나, 아예 결렬되는 경우가 많다.

협상에 있어서 신뢰가 가진 몇 가지 기능을 살펴보자.

첫째, 신뢰는 정보 공유를 가능하게 한다. 많은 협상에는 각자의 이해관계, 제약, 혹은 말하고 싶지 않은 숨은 조건들이 존재한다. 상대가 나에게 속마음을 드러내고, 우려와 제약을 솔직하게 털어놓을 수 있어야 비로소 협상의 지평은 넓어진다. 연구에서도 밝혀졌듯, 신뢰가 있는 협상에서는 정보가 훨씬 많이 공유되고, 통합적 합의에 이를 가능성이 높아진다.

둘째, 신뢰는 협상의 속도와 효율성을 높인다. 신뢰가 바탕이 되면 상대는 방어 태세를 내려놓고, 제안의 진의를 있는 그대로 받아들일 가능성이 커진다. 그 결과 불필요한 경계심, 반복되는 사실 확인, 과도한 요구 탐색 같은 비효율이 줄어든다.

셋째, 신뢰는 장기 관계와 반복 협상의 토대가 된다. 협상이 단발성으로 끝나지 않고 앞으로도 관계가 이어질 상황이라면, 신뢰 없이는 어떤 조건도 유지되기 어렵다. 연구자들이 협상에서의 신뢰를 무형의 자산이라 부르는 이유가 여기에 있다.

그렇다면 어떻게 해야 신뢰감이 드는 협상가가 될 수 있을까? 신뢰는 외모나 말끔한 이미지, 약속만으로 완성되지 않는다. 가장 먼저 해야 할 일은 상대와 한 작은 약속을 반드시 지키는 것이다. 비즈니스 미팅보다 점심 약속이 더 중요한 순간들이 있다. 이런 약속을 소홀히 하면, 본격적인 논의를 시작하기도 전에 신뢰를 잃는 모습을 종종 목격한다. 마찬가지로 이메일이나 메시지를 보내야 할 때 제때 보내지 않는 것도 신뢰를 떨어뜨린다. 작은 것, 사소한 것부터 성실하게 지키는 모습이 쌓이면 그 자체가 신뢰의 첫 단추가 된다. 협상 테이블에 앉기 전에 이미 신뢰의 기반이 마련된 셈이다.

반대로, 신뢰를 무너뜨리는 가장 확실한 방법이 있다면 일관성 없이 말이나 행동을 이리저리 바꾸는 것이다. 그래서 협상에 들어가기 전, 처음부터 내가 원하는 목표, 용인할 수 있는 수준, 절대 용인할 수 없는 기준을 명확히 정해두는 것이 중요하다. 그래서 협상 초반에 협상의 범위를 선점할 수 있다면 이후 과정에서 이리저리 끌려다니지 않고 비교적 안정적으로 협상을 이어나갈 수 있다.

기준을 선점하기

행동경제학에 앵커링(닻 내림) 효과anchoring effect 이론이 있다. 처음 제시된 정보(닻)가 기준점이 되어 이후의 판단이나 결정을 틀어쥐고, 결국 그 기준에서 크게 벗어나지 못하게 만드는 인지 편향이다. 예를 들어 가격 협상 시 100을 제시했다가 50에 합의를 할 경우 100이 기준점이 되어 50이 좋은 가격처럼 느껴진다. 협상 초반에 프레임을 선점하면 상대를 그 틀 안에 머물게 할 수 있고, 자연스럽게 협상의 주도권을 쥐게 된다.

앵커링 효과를 가장 잘 활용하는 인물을 꼽자면 미국의 도널드 트럼프 대통령이 있다. 2025년, 트럼프 행정부는 이른바 관세 조치를 발표하며 중국을 포함한 주요 교역국에 터무니없이 높은 관세율을 기준점으로 제시했다. 이는 전형적인 선점 전략이다. 상식적으로 받아들일 수 없는 수치를 공개적으로 던져놓은 뒤, 그 안에서 협상의 흐름을 주도할 수 있게 만드는 방식이다. 협상의 여지가 있다고 해도, 기준과 출발선은 미국이 정하는 구조가 만들어진다. 미국은 터무니없이 높은 기준을 먼저 던지고, 이후 이를 조금 낮춰주는 순간에도 상대에게는 '양보를 받았다'는 인상을 준다.

다만 앵커링 효과가 항상 나에게 유리하게만 작용하는 것은 아니기에 주의해야 한다. 특히 벼랑끝 협상은 금물이다. 너무 비현실적이거나 공격적인 닻은 협상 테이블 자체를 깨버릴 수 있다. 자신의 요구가 받아들여지지 않으면 언제든 협상을 종료할 수 있다는 식으로 압박을 주는 사람. 말 그대로 벼랑끝 협상이다. '우리 요구를 관철시키지 않으면 이 자리를 박차고 나갈 수 있다', '우리가 아니어도 계약하려는 회사는 많다'는 식의 태도다.

이런 방식은 단편적인 거래나, 시장에서 콩나물 깎듯 흥정하는 상황에서는 통할 수도 있다. 예컨대, "사장님, 안 깎아주시면 다른 데로 갈 거예요. 천 원만 빼주세요" 같은 장면 말이다. 하지만 비즈니스 협상, 혹은 일상의 관계 속에서 이루어지는 대부분의 협상에서는 이야기가 다르다. 뒤가 없고 언제든 판을 깨버릴 수 있다는 태도는 신뢰를 떨어뜨린다. '이 회사가 아니면 다른 회사와 하면 되지'라는 생각도 현실과 다르다. 업계는 생각보다 좁고, 소문은 빠르게 퍼진다. 벼랑끝 협상을 습관처럼 사용하는 업체나 개인을 누가 신뢰하겠는가. 함께 비즈니스를 하고 싶어할 이유가 없다.

따라서 최초 제안은 근거, 정당성, 실행 가능성을 갖춘 상태에서 제시되어야 한다. 이 조건이 빠지면 앵커링 전략은 협상을 유리하게 만드는 도구가 아니라, 관계를 훼손하는 위험 요소가 될 수 있다. 하지만 이 원리만 제대로 이해하면 우리는 일상 속에서도 이 전략을 얼마든지 활용할 수 있다. 가격 협상, 업무 목표 설정, 연봉 협상, 회의 의제 제시, 프로젝트 범위 설정까지, 먼저 기준을 던지는 사람이 판을 짜고 흐름을 잡을 수 있는 심리전은 생각보다 많다. 기준을 선점하는 순간 상대는 자연스럽게 그 틀 안에서 생각하게 되고, 이는 내가 원하는 방향으로 협상을 끌어가기 훨씬 용이하게 만든다.

요구가 아닌
욕구를 보라

나는 평화주의자였다. 둥글둥글하고, 사람 좋다는 말만 들으며, 남에게 아쉬운 소리 한 번 하지 않고 살아온, 말하자면 다소 온순한 사람이었다고 할 수 있다. 내 일상 곳곳에서 매일같이 협상이 벌어지고 있었지만, 정작 내 삶에서는 전략적 사고를 전혀 하지 않은 채 흘러가는 대로 살았다. 코가 베이는지, 손해를 보는지도 모른 채 말이다.

세상을 대하는 나의 태도는 국정원에 입사하면서 180도 바뀌었다. 킹스맨에 나오는 요원처럼 무적의 인물은 아닐지라도, 국익에 도움이 될 만한 정보를 얻어내고 지켜내야 하는 '정보 취급자'의 역할을 수행하기 위해서는 이전과는 전혀 다른 사고방식이 필요했다.

사실 지금처럼 인류 역사에서 평화로운 시기가 또 있었을까 싶다. 그런데도 최근 이스라엘-팔레스타인, 우크라이나-러시아 전쟁, 중국-대만 갈등까지, 언제 세계대전이 일어나도 이상하지 않을 만큼 세계가 다시 불안정해지고 있다. 평화로운 낭만의 시대는 지나갔고, 각국은 첨단 무기로 군사력을 증강시키 저마다의 방식으로 위협에 대비하고 있다. 그중에서도 가장 중요한 역량은 '정보력'이다. 각국은 정보기관의 예산을 대폭 늘리며 자국의 정보 역량을 끌어올리는 데 사활을 걸고 있다. 이스라엘-이란 전쟁 사례에서 보듯, 정보력은 전쟁의 승패뿐 아니라 협상에서 유리한 고지를 선점하는 핵심 요소가 되기도 한다. 국정원이 원훈으로 김대중 정부 시절 사용했던 '정보는 국력이다'를 다시 채택한 것도 같은 맥락이다.

정보가 곧 힘이다

나 역시 정보기관에서 일하면서 정보가 얼마나 중요한지 절절히 느꼈다. 그곳에서 보낸 시간 동안 얻은 경험 중 가장 가치 있는 것을 하나만 꼽으라면, 단연 상대의 정보를 파악하고 얻어내는 능력일 것이다. 사람의 몸에서 눈이 9할을 차지하듯, 협상에서는 정보가 9할을 차지한다. 심지어 어떤 뛰어난 '말발'보다 정보가 훨씬 중요하다. 성공하는 협상가일수록 사전에 더 많은, 더 유의미한 정보를 확보한다.

내가 PI 컨설팅에서 협상 주제를 다룰 때, 실무에서 협상을 많이 해본 대표님들조차 말의 기술이나 설득 방식이 가장 중요하다고 생각하는 경우가 많다. 물론 말도 중요하고, 설득의 공식도 중요하다. 그러나 협상에서 가장 결정적인 요소는 따로 있다. 역시 정보다.

정보의 격차가 협상의 우위를 좌우한다. 이를 설명하기 위해 하나의 상황을 가정해보자. B2B로 복합기를 렌털하는 회사의 영업사원 A가 있고, 그는 B회사 총무팀 팀장과 신규 계약을 체결하기 위해 미팅을 잡았다.

A   저희 제품을 월 9만 원만 납부하시면 컬러와 흑백 모두
     자유롭게 사용하실 수 있습니다.
B   9만 원이요? 비싼데요? C회사랑 D회사 가격은 알고 계세요?
     6만 원에 해준다고 하던데요.
A   아… 그런가요?
B   모르셨나요?

극단적인 상황을 예로 들었지만, 만약 실제 영업 현장에서 이런 대화가 벌어진다면 A는 그 순간 협상에서 완전히 불리한 위치에 놓이게 된다. 영업사원이라면 당연히 시장 평균 가격과 경쟁업체의 조건 정도는 알고 있어야 한다. 그런데 만약 그 기본적인 정보조차 갖추지 못한 채 협상 테이블에 앉는다면, 예상보다 더 큰 폭의 할인을 해줄 수밖에 없거나, 심지어 계약 자체를 성사시키지 못할 가능성도 있다.

정보를 가진 사람은 상대가 예상하지 못한 질문을 던지고, 선택지를 제시하며, 심리적 우위를 점한다. 그리고 상대를 자신이 짜놓은 프레임 안으로 자연스럽게 끌어들인다. 그 결과 원하는 것을 얻어낼 확률이 높아진다. 반대로 정보가 빈약한 쪽은 끌려갈 수밖에 없다. 즉흥적인 판단을 하게 되고, 상대의 말에 방어적으로 반응하게 되며, 결국 더 큰 양보를 하거나 불리한 조건을 받아들이게 된다.

정보가 협상에서 가지는 또 하나의 장점은 협상을 '예측 가능하게' 만들어준다는 점이다. '모르는 게 약'이라는 말이 있지만, 협상에서는 적용되지 않는다. 러닝을 조금이라도 해본 사람이라면 안다. 목적지를 알고 뛰는 것과, 어디까지 가야 하는지 모른 채 뛰는 것은 피로도부터 정신적 압박까지 비교가 되지 않는다.

협상도 똑같다. 상대에 대한 정보가 없는 상태는 마치 '목적지를 모르는 러닝'과 같다. 상대가 어떤 조건에서 민감하게 반응하는지, 무엇을 우선순위에 두는지, 어디까지 양보할 수 있는지 그림이 전혀 그려지지 않는다. 그러면 우리는 논리보다 감정에 먼저 흔들리기 쉽고, 실수를 할 가능성이 높아진다. 작은 변수에도 균형이 깨지고, 협상 전체가 어그러질 위험도 커진다.

반면 정보가 충분한 협상가는 다르다. 상대가 원하는 것은 무엇인지, 어떤 지점에서 제안이 통할지, 다음 국면이 어떻게 흘러갈지를 대략적으로 그릴 수 있다. 그래서 협상 중에도 감정이 크게 흔들리지 않고, 구조적 판단이 가능해진다. 실수를 줄이고 옳은 결정을 내릴 가능성도 자연스럽게 높아진다.

진짜로 원하는 건 따로 있다

정보에 대해 조금 더 구체적으로 이야기해보자. 정보는 많다고 해서 다 도움이 되는 건 아니다. 유의미한 정보인지도 중요하다. 정보에는 사실 자체로 존재하는 것도 있지만, 사실을 바탕으로 논리적으로 추론해 얻어내는 정보도 있다. 누구나 접근할 수 있는 파편적인 정보라 해도, 그것들을 어떻게 모으고 해석하느냐에 따라 전혀 다른 가치가 된다. 이 과정에서 특히 중요한 것이 상대가 진짜로 원하는 것, 즉 욕구를 파악하는 일이다. 대화가 시작되기 전에 알아낼 수 있다면 가장 좋겠지만, 대부분은 직접 마주 앉아 대화를 나누다 보면 상대의 말투, 선택하는 단어, 반응의 결에서 그 욕구가 서서히 드러나는 경우가 많다.

A   우리 오늘 볼까?

B   응? 오늘 보기로 한 날이었나?

A   아니, 그런 건 아닌데 그냥 저녁이나 같이 먹을까 해서.
     내가 너 회사 쪽으로 갈게.

B   아니야, 오늘은 좀 만나기 애매한데? 피곤하기도 하고…
     다음에 보자.

A   응… 알겠어. 어쩔 수 없지.

누구나 한번쯤 겪어본 대화일 것이다. 이런 대화는 연인들 사이에서 늘상 일어난다. 누군가는 상처받고, 누군가는 답답해하며, 이런 작은 오해가 쌓여 이별의 단초가 되기도 한다. 문제는 간단하다. A의 진짜 욕구를 B가 모른다는 것이다. A의 요구는 "오늘 만나자", 즉 저녁을 같이 먹자는 제안이다. 겉으로 드러난 요구는 '만남'이지만, 진짜 욕구는 따로 있다. 힘든 일이 있어 위로가 필요할 수도 있고, 상사에게 크게 혼나 공감을 원할 수도 있다. 그의 진짜 욕구는 '연인이 자신의 마음을 알아주고 헤아려주는 것'이었다.

만약 이런 A의 욕구를 빠르게 읽어내고, "오늘 무슨 일 있었나 보네? 힘들었구나. 이따 퇴근하고 잠깐 통화라도 할까?"라고 한마디만 건넸다면, 관계의 문제는 절반 이상 해결되었을 것이다. 두 상황 모두 A의 요구, 즉 만나는 것 자체는 받아들이지 않았다. 하지만 욕구를 이해했는가, 놓쳤는가에 따라 결과는 완전히 달라진다.

영화 〈교섭〉에서 배우 황정민이 역할을 맡은 외교관은 인질로 억류된 교인들을 구하기 위해 직접 테러리스트를 찾아가 협상을 벌인다. 테러리스트는 겉으로는 종교적 신념을 내세우며 이것이 자신들의 "요구"라고 주장한다. 하지만 외교관은 치열한 대화의 공방을 거치며, 그들의 진짜 욕구가 '돈'이라는 것을 간파한다. 표면적으로는 '신', '성전', '체면'을 말했지만, 실제로 사막에서 생존하기 위해 필요한 것은 '달러'였다. 표면적인 요구는 허울일 뿐, 협상의 핵심은 그 뒤에 숨은 욕구에 있었던 것이다.

우리 역사에서도 상대에 대한 정보를 정확히 파악해 협상장에서 필요한 것을 완벽히 얻어낸 사례가 있다. 협상의 대명사로 불리는 고려의 서희다. 고려는 거란의 침략으로 전세가 유리하지 않은 상황이었지만, 서희는 먼저 거란의 정보와 지정학적 조건, 그리고 그들의 진짜 욕구를 파악했다.

거란이 원한 것은 겉으로 보이는 '고려 영토'가 아니라 사실상 송나라에 대한 안전판이었다. 송과 가까운 고려가 자신들의 뒤를 칠까 두려워했던 것이다. 서희는 이 숨겨진 욕구를 꿰뚫고 '송과 연합할 의도가 없다'는 카드를 꺼냈고, 그 한 장의 카드로 전쟁을 막아내는 것은 물론 강동 6주까지 얻어내는 일석이조의 성과를 만들었다.

이처럼 협상장에서 정보는 그 어떤 기술보다 강력하다. 유의미한 정보는 긴장감 넘치고 어려운 국면에서도 당신을 '협상의 설계자'로 만들어준다. 정보의 우위가 협상의 우위다. 협상 전에 상대를 분석하고, 파악한다면, 협상을 주도하며 내어줄 것은 최소로 하고, 얻어낼 것은 최대화할 수 있을 것이다.

'배트나'가 있는가?

국정원에서 처음으로 외부인과 접촉해 미션을 수행했던 날이 아직도 또렷하다. 밑천이 드러날까 걱정되는 신참 요원에게 무슨 대단한 협상 자리를 맡겼겠냐마는, 처음이라 그런지 웬만해선 긴장하지 않는 나도 그날만큼은 가는 내내 불안감에 휩싸여 있었다.

일단 상대에게 호락호락해 보이고 싶지 않았다. 신참 요원이긴 했지만 영화 속 요원처럼 여유로운 모습을 보여주고 싶었다. 협상에 나가기 전 선배들이 이것저것 챙겨주고 조언도 많이 해줬고 스스로도 열심히 준비했지만, 경험이 없어서였는지 마음 한켠에 자리 잡은 불안감은 상대를 마주한 이후에도 사라지지 않았다. 조급했고, 동작은 엉성했으며, 나도 모르게 온몸에 힘이 '빡' 들어가 있었다. 평소와 다르게 과장된 태도로 단단한 사람인 척하려다 보니 협상이 끝났을 때는 기운이 쫙 빠져 녹초가 된 상태로 회사에 복귀했다.

이후 결과 보고를 하고 선배의 조언을 들으면서 깨달은 한 가지가 있다. 평소라면 긴장 따위 잘 하지 않는 내가 왜 그날은 그렇게 자신감이 없었을까? 나는 협상을 앞두고 상대의 프로필과 성향을 대략적으로만 파악하고, 어떻게 하면 유리한 결과를 가져올지 정도의 '하나뿐인 시나리오'만 준비해 나갔다.

그런데 세상사가 내가 그린 그림 그대로 흘러가는가? 계획한 A가 막히면 B로 우회하고, 그것도 안 되면 C라는 대안이 있어야 한다. 개인 목표를 실현하는 과정도 그렇게 다층적으로 생각해야 하는데, 하물며 서로 이해관계가 엇갈린 상대와 마주 앉아야 하는 협상 자리에서 한 개의 카드만 들고 나갔으니 결과는 뻔했다. 노련한 상대가 여러 장의 카드를 번갈아 꺼내 드는데, 나는 딱 하나뿐인 선택지에 매달려 있었다.

하버드대학교 로저 피셔와 윌리엄 유리 교수는 《Yes를 이끌어내는 협상법》에서 협상력의 차이를 규정짓는 가장 결정적인 요인은 인맥이나 호감도, 외모가 아니라 '배트나BATNA'의 존재 여부라고 강조한다. BATNA란 'Best Alternative To a Negotiated Agreement'의 약자로, 협상이 결렬될 때 내가 대신 취할 수 있는 '최선의 대안'을 뜻한다. 중요한 점은, 배트나는 단순한 차선책이나 또 다른 옵션 B가 아니라는 것이다. 내가 절대 넘겨서는 안 되는 최저선을 정해주는 기준, 즉 협상에서 흔들리지 않도록 지탱해주는 기준점이다.

양보할 수 없는 마지노선을 설정하라

배트나는 '협상에서 내가 바라는 것이 무엇이며, 어느 정도를 얻으면 만족할 수 있는가'를 먼저 떠올리면 쉽게 설정할 수 있다. 그다음 협상을 통해 반드시 가져가야 하는 최소 이익, 그러니까 '그래도 이 정도는 얻어야지' 하는 마지노선을 정해두고, 그 기준에 따라 상대의 요구를 수용할지 판단하면 된다. 만약 상대가 제시한 조건이 내가 설정한 배트나보다 낮다면, 그 협상은 받아들이지 않는 것이 맞다. 그게 배트나의 핵심이다.

회사에서 직원과 팀장이 연봉 협상 중이라고 가정해보자.

팀장   올해는 회사 사정이 어려워서 연봉 인상률이 2% 내외일 것 같습니다.

직원   아… 그런가요? 네, 뭐 회사 사정이 그렇다면 어쩔 수 없죠.

팀장   A씨는 그래도 성과가 좋았으니 내년은 좀 더 기대해 볼 수 있을 겁니다.

직원   네… 감사합니다. 잘 부탁드립니다.

직원 A는 배트나 없이 협상 자리에 들어갔기 때문에 어떤 기준점도 없는 상태다. 그렇다 보니 회사가 미리 정해둔 2%라는 앵커 안에 그대로 묶였고, 마음속에 불만이 있더라도 그 기준을 받아들일 수밖에 없는 상황이 되어버렸다.

같은 상황에서 배트나가 있는 직원 B를 예시로 들어보자.

팀장　올해는 연봉 인상이 2% 수준일 겁니다. 성과는 좋았지만
회사 사정이 어려워져서 어쩔 수 없네요. 내년을 기약해보죠.

직원　그렇군요. 저도 회사 사정은 충분히 이해합니다. 다만 제가
이 회사에서 계속 성장하기 위해서는 7% 인상이 필요할 것
같습니다.

팀장　7%요? 거의 세 배가 넘는데요? 그건 어렵습니다.

직원　사실 최근에 10% 인상을 제안한 회사가 있었습니다.
하지만 저는 지금 맡은 역할에도 만족하고, 이곳에서 더
성장하고 싶어 고민 중입니다.

팀장　음… B씨는 퍼포먼스도 좋으니 회사 입장에서도 놓치고
싶지 않네요. 그럼 5%는 어떨까요? 그 이상은 어렵습니다.

직원　네, 좋습니다. 저도 이 회사에 남는 것이 우선입니다.
5%로 해주신다면 사인하겠습니다.

팀장　솔직히 이야기해줘서 고맙습니다.

직원　고려해주셔서 감사합니다.

어떤가? 회사 사정이 어렵다고 했지만 B는 두 배 이상의 연봉 인상을 이끌어냈다. 앞선 A와의 가장 큰 차이는 바로 배트나의 존재 여부였다. B는 연봉 인상을 제안한 타사의 오퍼라는 대안을 갖고 있었고, 동시에 본인이 용인할 수 있는 최소 기준인 5%라는 마지노선을 설정한 채 협상장에 들어갔다. 이처럼 기준과 대안이 명확하다 보니 감정에 흔들리지 않고, 협상을 통해 자신이 원하는 결과를 만들어낼 수 있었다.

반대로, 회사 입장에서 B를 충분히 대체할 인재가 이미 있거나 곧 인력을 대체할 첨단 기술 도입이 예정되어 있는 상황이라면 이야기가 달라진다. 회사가 '3% 이상은 절대 불가'라는 기준을 배트나로 갖고 협상장에 들어왔고, B 역시 자신의 배트나를 들고 왔다면, 인사팀장과 B는 각자가 준비해온 대안을 바탕으로 훨씬 치열한 협상에 들어갔을 것이다.

특히 '대체 가능성'이라는 회사의 카드가 등장하는 순간, B가 갖고 있던 '타사 이직 제안'이라는 협상 카드는 힘을 잃을 수밖에 없다. 이 단계부터는 누구의 배트나가 더 현실적이고, 더 치밀하며, 더 매력적인가에 따라 갑과 을의 위치, 즉 협상에서 누가 더 우위를 점하게 될지가 결정된다.

배트나는 협상 직전에 번뜩 떠오르는 기지나 임기응변이 아니다. 그래서 반드시 협상 전에 냉철하게 배트나를 분석해야 한다. 내가 생각하는 협상의 마지노선, '이 정도면 그래도 수용할 수 있다'는 최저 기준을 분명히 세워두고, 그 기준 아래로 떨어졌을 때 내가 선택할 수 있는 모든 대안을 철저히 준비해야 한다. 내가 가진 배트나가 치밀하고 매력적일수록 협상에서 우위에 설 수 있다.

협상에서 가장 상대하기 어려운 사람은 말을 잘하는 사람이 아니라 협상 카드가 확실한 사람, 즉 배트나가 명확하고 고도화된 사람이다. 이런 상대는 이미 자신이 처한 상황과 위치, 그리고 내가 놓여 있는 여건까지 정량적·정성적으로 모두 파악을 끝낸 상태다. 어떤 국면으로 흐르든 꺼낼 수 있는 선택지가 여러 개 준비되어 있고, 어떤 선택을 해도 자신이 손해 보지 않는 구조를 이미 설계해둔 사람이다.

달변과 임기응변 같은 기술은 한두 번의 '전투'에서는 승리를 가져다줄 수 있다. 하지만 협상은 대부분 장기전이며, 때로는 반복되는 관계 속에서 벌어지는 전쟁과도 같다. 이런 장기전에서는 순발력보다 준비된 대안의 질, 즉 배트나의 완성도가 성패를 가른다. 잘 설계된 배트나는 협상 테이블에서 상대를 압도할 수 있는 힘이자, 내가 양보하지 못할 기준을 지켜내면서도 더 많은 것을 얻어오는 원동력이 된다.

양보도 전략이다

비즈니스 세계에서는 논리적인 사람이 유리하다는 인식이 있다. 복잡한 현안에 대해 냉철하게 분석하고, 이성적이고 논리정연하게 '옳음'을 주장하는 정치인의 영상에는 수만 개의 '좋아요'가 붙는다. 토론 프로그램에서도 논리로 상대를 제압하는 사람에게 대중은 열광한다. 그래서일까? 언제부턴가 논리로 이기는 사람이 곧 능력자이고, 성공한 사람이라는 인식까지 자연스럽게 자리 잡은 듯하다.

하지만 협상장에선 옳고 그름을 따지는 '말싸움' 습관을 버리고 와야 한다. 아니, 좀 더 강하게 말하면 옳고 그름을 가려 말싸움에서 이기고 싶은 사람은 애초에 협상 테이블에 앉아서는 안 된다. 협상은 누가 이기고 지는가를 가르는 승자독식의 전쟁이 아니다. 비즈니스 협상장에서 대화의 목적은 상대가 틀렸음을 증명하는 데 있지 않다. 협상은 교류와 대화를 통해 서로 원하는 것을, 각자가 준비해온 논리와 대안을 가지고 '내어주고 받아가는' 교환의 장이다. 누가 더 옳은가를 따지는 재판장이 아니기 때문이다.

'누가 협상장에서 옳고 그름을 따지겠느냐?'고 반문할 수 있다. 하지만 현실의 협상 현장은 너무 자주, 너무 쉽게 옳고 그름만 남는 말싸움장으로 변질된다.

심지어 다툼은 협상 테이블에서만 벌어지는 게 아니다. 이메일을 주고받는 시점부터 시작될 때도 많다. 비즈니스를 원활하게 협력하기 위해 쓰는 메일이 어느 순간 상대 회사가 틀렸다는 것을 증명하는 문서로 변하고, 그렇게 전자 서신이 수없이 오가다 보면 협상장에서 마주했을 때는 전쟁으로 확전되는 경우도 적지 않다.

이기고도 지는 사람들

한 IT 솔루션 영업팀장 A는 클라이언트 B와 서비스 장애 책임에 대해 논의하고 있었다. 상황이 팽팽해지던 중, B가 다소 날 선 목소리로 말했다.

"지난주 서버가 다운돼서 우리 쪽 피해가 컸어요. 서버 문제였던 것 아닌가요?"

실제로 서버 다운의 원인은 B 측에서 무단으로 적용한 커스터마이징 작업 때문이었다. A는 기다렸다는 듯 준비해둔 논리를 꺼내 단호하게 받아쳤다.

"그건 논리적으로 맞지 않습니다. 저희가 백데이터를 모두 확인해봤습니다. 원인은 귀사에서 임의 변경하신 코드 때문입니다. 책임은 명백히 귀사에 있습니다. 복구를 원하시면 계약서에 명시된 대로 별도 서비스 차지가 발생합니다."

IT 전문 회사인 A의 판단이 기술적으로는 맞다. 그러나 중요한 건 기술적 '정답'이 아니었다. B사 과장이 그 자리에서 원했던 것은 잘잘못을 가리는 공개 재판이 아니라, 문제가 어떻게 해결될 수 있는지였다. 하지만 A는 회의 테이블에서 B사가 잘못했다는 점을 정면으로 못 박음으로써, 상대를 공개적으로 곤란하게 만들었다.

"그렇다면 다시 검토해서 알려드리죠."

그날 저녁, A 팀장에게 이메일 한 통이 도착했다.

내부 논의 끝에 타사 IT 솔루션으로 전환하기로 결정했습니다.

A사 팀장은 미팅에서 상대 회사의 귀책을 정확히 짚어냈고, 순간만 보면 이긴 것처럼 보였다. 하지만 그 승리는 실적을 악화시켰고, 회사에는 오히려 손해가 되었다. 만약 그의 관심이 옳고 그름을 따지는 데 아니라 문제 해결에 조금만 더 가까이 향해 있었다면, 결과는 충분히 달라질 수 있었다.

협상을 담당하는 사람이라면 반드시 기억해야 한다. 말로 이겨서 당장의 카타르시스를 채우는 만큼 회사는 수익을 잃을 수도 있다. 협상장에서 논리로 상대를 눌러 동료들의 '엄지 척'

을 받고 기분 좋게 자리를 박차고 나오는 건 쉬운 일이다. 그러나 그 즉흥적인 만족감 뒤에는 관계의 단절, 그리고 회사 차원의 큰 피해가 따라올 수 있다는 점을 항상 염두에 둬야 한다.

협상의 본질은 어디까지나 상호 이익을 추구하는 것이다. 맞고 틀리고를 가르는 논쟁의 장이 아니다. 당신이 협상가라면, 상대를 굴복시키는 사람이 아니라 서로 원하는 것을 최대한 이뤄낼 수 있도록 조력하는 사람이어야 한다.

무엇을 내주고 무엇을 얻을 것인가

협상에서는 '양보는 지는 것'이라는 생각을 버려야 한다. 실제로 정반대다. 양보는 물러섬이 아니라 협상을 계속 움직이게 만드는 기술이다. 작은 양보 하나가 상대의 경계를 낮추고, 대화를 이어가게 하고, 결국 더 큰 이익으로 돌아오는 경우가 많다. 겉으로 보기엔 손해처럼 보여도, 잘 계산된 양보는 관계를 지키면서도 판을 내가 원하는 방향으로 끌고 갈 수 있게 해주는 아주 현실적인 전략이다.

A씨는 남자친구와 회사 근처에서 저녁을 먹기로 약속해두었다. 그런데 아침부터 컨디션이 영 좋지 않아, 하루 종일 마음 한켠에 '오늘 약속을 미루면 어떡하나'라는 고민이 걸려 있었다. 특별한 기념일은 아니었지만 오래전부터 잡아둔 약속이었고, 최근 회사 일이 바빠 제대로 만나지 못한 지도 꽤 돼서 남자친구가 서운해할 것 같았다.

A씨는 메시지를 썼다가 지우기를 반복했다. 한참 고민하다가 메시지로만 취소 의사를 전하는 건 예의가 아니라는 생각이 들었다. 약속을 가볍게 여기는 것처럼 보일까 걱정돼, 잠시 숨을 고르고 전화를 걸었다.

남 여보세요?

여 바쁘지…? 잠깐 통화할 수 있어?

남 응, 무슨 일이야?

여 너무 미안한데… 오늘 내가 몸이 너무 안 좋고 피곤이 쌓여서,
     집에 가서 좀 쉬어야 할 것 같아. 대신 이번 주말에 친구들이랑
     잡힌 약속은 내가 안 갈게. 너 좋아하는 00에서 저녁 먹자.
     내가 예약도 하고 살게. 정말 미안해…

남 그랬구나. 목소리에 힘이 없어서 걱정했어. 괜찮아!
     그럼 주말에 보자. 얼른 퇴근해, 무리하지 말고!

여 이해해줘서 고마워.

양보 전략이 제대로 작동한 사례다. 남자는 당일 취소라는 민감한 제안 앞에서도 기꺼이 한 걸음 물러섰다. 그 한 걸음이 여자에게는 '이 사람은 나를 이해해주는 사람'이라는 신뢰로 남았고, 동시에 B는 주말이라는 더 귀한 시간을 확보했다.

여자 역시 마찬가지다. 토요일 시간을 내어주는 대신 오늘은 충분히 쉴 여유를 얻었고, 무엇보다 남자친구의 이해를 얻음으로써 관계를 부드럽고 안정적으로 유지할 수 있었다. 즉, 양

보는 어느 한쪽의 손해가 아니라 두 사람이 모두 만족하는 결과로 이어진 것이다. 단순한 예시였지만, 사실 협상에서 양보는 강력한 전략이다.

협상 초보자일수록 테이블에 앉는 순간 임전무퇴의 자세로 버티려 한다. 한 치의 양보도 하지 않으면 뭔가 지는 것 같고, 주도권을 뺏기는 것 같다. 하지만 앞서 말했듯 협상이란 서로 원하는 것을 주고받는 과정이다. 모든 것을 움켜쥐고 놓지 않으려 하면 오히려 아무것도 얻지 못한다.

나에게 큰 손해가 되지 않는 작은 항목을 먼저 내어주면 상대는 '내가 하나 얻었다'는 만족감을 맛본다. 그 작은 성취감이 추진력이 되어 협상의 분위기를 부드럽게 만들고, 내가 진짜 원한 것을 받아낼 수 있는 여지를 만들어준다.

협상의 대가들이 하는 일도 같다. 처음부터 내가 기꺼이 내줄 것과 무슨 일이 있어도 확보해야 할 것을 명확히 구분해놓고 협상장에 들어가는 것이다. 전략적 양보란, 내게 부담이 적은 것을 자연스럽게 건네주고, 그 대가로 내가 결코 포기할 수 없는 핵심을 챙겨오는 기술이다. 겉으로 보기엔 잠시 물러선 것 같지만, 실제로는 상대를 내가 원하는 방향으로 움직이게 만드는 심리전이라고 할 수 있다.

아나운서처럼 말하려고 애쓰지 말라.

조금은 투박해도 좋다.

내 목소리, 내 억양, 내 결로 말하라.

듣는 사람은 발음보다 진심을 듣고 싶어 한다.

말을 잘하고 싶은가?

그렇다면 내 이야기를 한 줄이라도 더 준비하라.

그 한 줄의 이야기가 당신의 말을 어떤 수려한

기술보다 풍성하게 만들어줄 것이다.

2장

말을 할 것인가
대화를 할 것인가

왜 아나운서처럼 말하고 싶어할까?

경쟁률이라는 허상

대학원 진학을 준비하던 어느 날이었다. 경영학을 전공하고 은행에 취업했던 나는 영국에서 파이낸스 분야로 방향을 정해 두고 있었다. 그날도 평소처럼 공부에 집중하고 있었다. 대학원에 이미 합격해 등록금을 내고 아이엘츠IELTS 시험만 보면 되는 상황이었으니 모든 퍼즐이 순조롭게 맞춰지고 있었다. 겉보기엔 그랬다. 그런데 문득 손이 멈췄다. 펜을 든 채 창밖을 바라보며 내 안에 이런 질문이 떠올랐다.

'내가 정말 원하는 게 이 길이 맞을까?'

퍼즐 한 조각이 생각보다 오래전부터 맞지 않았었다는 걸 그제야 깨달았다. 함께 여행을 떠났던 러시아 친구 세르게이의 말이 결정적이었다.

"넌 진짜 파이낸스가 하고 싶은 일이야? 전에 은행에 있다가 안 맞아서 나왔다고 했잖아. 이번엔 네 심장을 뛰게 하는, 네가 하고 싶은 걸 해봐. 그래야 후회가 없을 거야."

그 말이 너무 적확해서 순간 움찔했지만, 그만큼 무겁게 다가왔다. 진로를 바꾼다고 생각하니 그동안 쏟아온 시간과 노력이 허무해질까 봐 두렵기도 했다. 하지만 이상하게도 곧 확신이 찾아왔다. 나는 진짜 하고 싶은 일을 찾고 싶었다. 누구에게 보이기 위한 인생이 아니라, 스스로 납득할 수 있는 방향으로 움직이고 싶었다.

그렇게 무작정 한국행 비행기에 몸을 실었다. 처음으로 계획이 아닌 직감을 따라 선택한 순간이었다. 불과 몇 달 전만 해도 유학 준비에 집중하느라 큰누나의 결혼식에도 참석하지 못했다. 잠깐 다녀오는 항공권조차 쉽게 끊지 못했던 내가 갑작스럽게 귀국한다는 건 큰 결단이었다. 내 마음 한 켠에는 이유를 알 수 없는 확신이 자리하고 있었다.

오랫동안 잊고 있었던 한 장면이 떠올랐다. 여의도에서 학창 시절을 보낸 나는 어릴 적부터 방송국 건물을 보며 자랐고, 그곳에서 일하는 사람들이 어쩐지 가까운 어른처럼 느껴지곤 했다. 학교에는 아나운서나 기자, PD 선배들이 수시로 찾아와 특강을 해주기도 했다. 지금 생각해보면 특별한 환경이었다.

고등학교 시절 KBS 아나운서가 와서 진행해준 특강이 기억에 남았다. 강의가 끝나고 난 뒤, 나는 태어나 처음으로 하고 싶은 일이 생겼다. '나도 저런 사람이 되고 싶다.'

말을 단정하게 전하면서도 마음을 흔들 수 있는 사람. 참 멋져 보였다. 하지만 그 마음은 오래가지 않았다. 아나운서는 특별한 사람만 할 수 있는 직업이라고 생각했다. 나 같은 사람이 감히 꿈꿀 수 있는 길은 아니라고 스스로 선을 그었다. 무의식 속에서 까마득히 묻어두었던 그 감정이 되살아난 것이었다.

아나운서는 방송에서 가장 마지막에 서지만, 동시에 가장 앞에서 말하는 사람이다. 모두가 함께 만든 결과물을 시청자에게 직접 전달하는 역할을 맡는다. 말의 무게는 생각보다 무거웠고, 아나운서가 된 후에야 그 책임감을 더 깊이 실감했다. 처음부터 그 모든 걸 알고 시작한 것은 아니었다. 그저 막연하게 멋있다고 생각했다. 말을 잘하고 싶다는 욕심도 있었고, 사람들 앞에 당당히 서고 싶다는 바람도 있었다. 무엇보다, 나 자신을 온전히 표현할 수 있는 사람이 되고 싶었다.

경쟁률이 낮으면 더 쉬울까?

이 직업을 얻는 과정은 결코 순탄하지 않았다. 방송국에서는 한 해에 단 한두 명의 아나운서를 선발한다. 1년에 남자 한 명, 여자 한 명. 그조차도 선발이 없을 수도 있었다. 지금처럼 방송국이 많지 않던 시절이었기에, 선택지 자체가 매우 좁았다. 그래서 경쟁률은 자연스럽게 치열할 수밖에 없었다. 남성은 500

대 1, 여성은 무려 3000대 1. 숫자만 봐도 숨이 턱턱 막혔다.

'내가 과연 이 경쟁률을 뚫을 수 있을까?'

다른 지망생들을 볼수록 점점 더 마음이 위축되었다. 그러나 포기하지 않고 도전할 수밖에 없었던 것은 그동안 준비해온 모든 것을 포기하고 돌아갈 길이 없었기 때문이었다. 편한 환경에서 도전할 상황이었으면 포기했을지도 모를 일이었다.

아나운서가 되겠다고 부모님께 말씀드렸던 날이 생각난다. 내 말을 들은 부모님은 잠시 말이 없으셨다. 그리고 이내 조심스럽게 현실적인 이야기를 꺼내셨다. 사법고시 준비하다 고시 낭인이 된 아버지 친구 아들 이야기, 방송 준비에 매달리다 몇 년을 허비한 친척 동생의 사례들. 그 모든 말 속에는 한 가지 공통된 마음이 있었다. 바로 나를 지켜주고 싶다는, 부모로서의 마음이었다. 수백 대 일의 경쟁률 속에서 상처받을 아들이 걱정되셨던 거였다. 하지만 나는 이번에는 정말 '내가 하고 싶은 일'이라는 분명한 확신이 있었다.

이 글의 목적이 아나운서가 되는 과정을 알려주는 것은 아니기 때문에 그 부분은 생략하겠다. 여기서 하고 싶은 이야기는 '경쟁률'에 대한 것이다. 우리는 경쟁 사회 속에서 살아간다. 입시, 취업, 승진, 계약, 프레젠테이션… 모든 장면에 숫자가 따른다. 그 숫자가 클수록, 우리는 먼저 움츠러든다. '이건 너무 어렵다', '나는 안 될 것 같다', 그런 생각이 든다.

경쟁률이라는 건 말 그대로 숫자일 뿐이다. 그런데 우리는 그 숫자 앞에서 스스로 작아지곤 한다. 경쟁률이 500대 1이면 5대 1일 때보다 더 어려울 거라고 우리는 인식하게 된다. 하지만 여기에 함정이 있다. 사실은 경쟁률이 낮다고 해서 합격 확률이 높은 게 아니고 반대로 경쟁률이 높다고 해서 합격이 낮아지는 것도 아니다. 그러나 수많은 사람이 숫자에 겁먹어 도전하지 않는다. 도전하지 않는 사람에게는 아예 기회조차 주어지지 않는데도 불구하고 말이다.

그냥 도전해보자

아나운서 시험에는 "1차 카메라 테스트에서 떨어지면 포기하라"라는 말이 있다. 가혹하게 들릴 수도 있지만, 일정 부분 사실이기도 하다. 지원자의 약 70~80%는 1차에서 탈락한다. 뉴스 원고 두 문장을 주고, 단 30초 만에 실력을 보여줘야 한다. 만회도 없고, 해명도 없다. 딱 한 번의 기회. 그것이 전부다.

처음으로 지상파 카메라 테스트를 보러 갔던 날이 아직도 생생하다. 방송국 복도 곳곳에선 발성 연습, 뉴스 리딩을 연습하는 사람들로 가득했다. 모두가 긴장한 채 자신의 차례를 기다리고 있었고, 그 공기엔 분명 전운 같은 긴장감이 흘렀다. 시험은 10명 단위로 진행됐다. 지원번호와 이름을 말한 뒤 뉴스 원고를 읽고 바로 퇴장했다.

단 30초짜리 무대. 그 짧은 순간이 누군가에겐 인생을 바꿀 시간이 된다. 내 차례가 다가왔고, 함께 들어간 10명 중 하나로서 있었다. 그런데 신기하게도 그때의 내 모습은 잘 기억나지 않는다. 왜냐하면 나는 주변을 보지 않았기 때문이다. 단 하나만 생각했다.

'나는 나만 보면 된다. 나는 이 안에서 제일 잘한다. 나는 이미 아나운서다.'

그 확신이 나를 지탱해줬다. 중요한 것은 경쟁률이 아니라 경쟁력이었다. 10대 1이든 100대 1이든, 그 안에서 단 한 사람의 이유가 될 수 있다면 기회는 반드시 나에게로 돌아온다. 내가 준비가 되어 있지 않다면 2대 1도 통과할 수 없다. 반대로 내가 준비되어 있다면, 500대 1도 넘을 수 있다. 중요한 건 숫자가 아니라 '내가 얼마나 준비되어 있느냐'이다.

우리는 종종 숫자에 먼저 주눅 들고, 그 숫자에 압도되어 아무런 시도조차 하지 않는다. 하지만 기억해야 한다. 경쟁률은 허상이다. 숫자는 그저 숫자일 뿐, 내 가능성을 대변하지 않는다. 많은 경우 기회를 잃는 진짜 이유는 경쟁률이 높아서가 아니라, 스스로 겁을 먹고 물러서기 때문이다. 도전한다고 해서 반드시 기회를 잡는다는 보장은 없지만 지레 겁을 먹고 도전을 피하면 기회를 잡을 가능성은 0에 수렴한다. 성취로 이르는 관문에는 항상 경쟁자가 많다. 무언가를 잘하기 전에 먼저 기억해야 할 것은 두려움을 피하지 않는 것이다.

프로는 처음부터
완벽해야 한다

아나운서가 되기까지 우여곡절이 많았다. 준비생으로 보낸 시간이 1년이 채 되지 않았으니 업계에서는 나름 빠른 편에 속했다. 합격 소식을 들었을 땐 스스로 어떤 '신분'을 쟁취한 것 같아 며칠을 들떠 있었다. 하지만 정작 첫 출근길에 발걸음은 이상하리만큼 무거웠다.

YTN 방송국은 서울역 부근에 있었다. 서울역에서 내려 아직 낯선 길을 걸어 사옥 앞에 섰을 때, 유리문에 비친 내 모습이 '아나운서'라기보다는 겨우 연습생 딱지를 뗀 학생 같았다. 엘리베이터에서 내려 복도를 걸었다. 낯선 장비 소음이 들리고, 바삐 걸어 다니는 스태프들의 무표정한 얼굴이 잔뜩 눈에 들어왔다. 누구 하나 눈길을 주지 않았다. 그 복도 어딘가에 내 책상이 있다는 게 믿기지 않았다.

하지만 드라마나 영화에서 숱하게 본 그 장면들이, 막상 내 일터가 되자 전혀 다른 얼굴로 다가왔다. 무엇보다 이제는 '아나운서'라는 이름표가 내 가슴에 붙었다. 스스로 체통을 지켜야 한다고 마음을 다잡았다.

수습 기간 내내 나름의 '마인드 컨트롤'을 했다. 그러나 머릿속으로 아무리 마음을 다잡아도, 그 공간은 내게 여전히 낯선 전쟁터였다. 의외였던 건 사무실 내부의 온도였다. 방송국 실내 온도는 낮아도 너무 낮았다. 스튜디오 근처는 한여름에도 17도까지 떨어졌다. 이유는 간단했다. 방송국엔 수많은 장비가 돌아간다. 이 장비들은 열에 약하다. 열이 조금만 쌓이면 버퍼링이 생기고, 심하면 방송이 멈춘다. 그래서 사무실과 스튜디오는 계절과 상관없이 냉방이 돌아갔다. 한여름에도 내 자리에선 긴팔 재킷을 놓을 수 없었다. 그래도 한 해에 한두 번은 냉방병에 걸려 골골대기 일쑤였다.

방송국 사람들도 사무실 온도만큼이나 차갑고, 동시에 뜨거웠다. 정확히는 '독특함'의 결이 달랐다. 혼자인 듯 함께였고, 함께인 듯 각자였다. 모두가 같은 방향을 보고 일하지만, 동시에 누구도 서로에 간섭하지 않았다.

내가 상상했던 첫 입사날은 달콤한 축하와 배려로 가득할 거라 믿었다. 선배들이 붙어서 이것저것 알려주고, 내가 미처 모르는 걸 채워줄 거라 기대했다. 현실은 달랐다. 신입사원인 나를 붙잡아두는 사람은 아무도 없었다. 모두가 자기 일에 파묻혀 있었고, 누가 새로 왔는지 관심 둘 겨를이 없었다. 하루에도 수십 건의 사건·사고가 터졌다. 누군가는 원고를 썼고, 누군가는 영상을 편집했고, 누군가는 생방송을 준비했다. 느긋할 틈이 없었다. 뉴스는 기다려주지 않았다. 그런 전쟁터에 내가 발을 디뎠다.

"시청자들은 네가 신입인지 몰라"

수습 기간은 순식간에 지나갔다. 준비생 시절 나는 나름 '잘나가는 준비생'이었다. 첫 시험에서 K국 최종까지 올라갔으니, 내심 '나는 방송하려고 태어난 사람인가?' 하는 우쭐함도 있었다. 하지만 연이어 다른 시험에서 떨어졌다. 그 길 끝에서 YTN에 들어왔다.

현장은 달랐다. 방송국 복도엔 웃음소리보다 전화 벨소리, 긴장된 목소리가 더 익숙했다. 선배들에게 혼나며 뉴스 멘트를 썼고, 프로그램 진행의 톤과 리듬을 배웠다. 방송국 어디에도 내 실수를 덮어줄 '연습'은 없었다.

'내가 잘할 수 있을까? 실전에서도 실수 없이 할 수 있을까?'

드디어 그날이 왔다. 첫 방송의 날. 방송계에서는 '입봉'이라고 불렀다. 그날 선배들은 내 자리 옆을 지나가며 한마디씩 툭 던졌다.

"섭아, 오늘 입봉이지? 잘해라."

응원 같기도, 압박 같기도 했다.

‘잘할 수 있을까? 에이, 처음부터 잘하는 사람이 어디 있겠어’라며 스스로를 다독였다.

방송 몇 시간 전, 사무실에서 멍하니 앉아 있었다. 그때 마침국장님이 나를 불렀다.

“야, 김섭. 잠깐 와봐.”

여담이지만, 방송국에서 ‘김섭 아나운서’라고 불린 적은 거의 없었다. 언제나 ‘야, 김섭’이었다. 뉴스라는 전쟁터에서 존칭이 무슨 소용이었을까. 그날 국장님과의 짧은 대화가 내 인생을 송두리째 바꿨다.

“섭아, 오늘 입봉이지? 연습은 많이 했냐?”

“네, 국장님. 많이 했는데 떨리네요. 잘할 수 있을지 모르겠습니다.”

내심 기대했다. ‘첫술에 배부르랴, 누구나 처음엔 긴장하는 거야.’ 이런 덕담을 들을 줄 알았다. 그런데 국장님은 내 예상과는 전혀 다른 말을 하셨다. 그 말은 내가 평생 잊지 못할 조언이 됐다.

“섭아, 방송엔 연습이 없다. 넌 오늘부터 아나운서야. 시청자들은 네가 신입인지 모른다. 처음부터 무조건 잘해야 해. 우린 다 프로다. 프로는 처음부터 완벽해야 한다. 프로답게 하고 오너라.”

그 한마디에 머리가 번쩍 들었다. 그때부터 내 태도가 달라졌다. 그날 이후, 뉴스 멘트를 읽지 않는 시간에도 속으로 원고를 중얼거렸다. 밤에 혼자 복도를 돌며 발음을 교정했고, 선배들이 지적하면 메모장에 빼곡히 적어 같은 실수를 되풀이하지 않으려 했다.

'프로는 처음부터 잘해야 한다.'

그 말은 내 첫 방송뿐 아니라 그 뒤 수백 번의 방송에도 붙박이로 따라붙었다. 아나운서로 일하는 내내 즐겁고 보람찼다. 하지만 그만큼 '프로로서의 부담감'을 늘 품고 있었다. 그 부담이 오히려 나를 지탱해줬다. 아나운서를 그만두고 다른 직업을 택했을 때도 마찬가지였다. 거쳐간 많은 회사에서 늘 사람들은 내게 물었다.

"섭 씨는 왜 이렇게 꼼꼼해요?"

하지만 내겐 당연한 일이었다. 나는 이제 방송인 대신 다른 일을 하고 있을 뿐이었다. 어떤 무대든, 맡겨진 자리에선 늘 '프로'였다. 지금도 일이 버겁고 지칠 때면 국장님의 그 한마디를 되새긴다.

'나는 돈을 받고 이 자리에 있다. 나는 이 업무의 전문가다. 열심히 하는 걸 넘어 잘해야 한다. 나는 프로니까.'

프로와 아마추어의 차이

그렇다면, 프로답게 일한다는 게 단순히 결과물을 잘 내는 것일까? 일을 잘해내는 것일까?

축구 선수들을 예로 들어보자. 경기장에서 좋은 퍼포먼스를 보여주는 선수들은 많다. 득점, 어시스트, 활동량까지 나무랄 데 없는 결과를 만들어낸다. 하지만 종종 그런 선수들이 '프로 의식'이 없다는 이유로 팀 분위기를 해치거나 감독과 불화가 생긴다는 소식을 듣게 된다. 실력 이상의 무언가가 필요하다는 이야기다.

프로답게 일한다는 건 단순히 '일을 잘한다', '성과를 낸다'를 넘어선다. 실력과 전문성은 기본이고, 그 위에 쌓아야 할 것이 있다. 바로 자신의 일을 대하는 태도와 책임감, 지속적으로 성장하려는 노력이다. 프로처럼 일한다는 건 결과를 만들어내되, 과정에서도 동료에게 신뢰를 잃지 않고, 실수를 관리할 줄 알고, 무엇보다 자신의 역할에 무한 책임을 갖는 태도까지 포함한다.

프로와 아마추어의 차이는 피드백을 대하는 태도에서도 분명하게 드러난다. 아마추어는 피드백을 비난으로 받아들이지만, 프로는 그것을 자신의 역량을 끌어올릴 기회로 여긴다. 또 하나, 컨디션과 무관하게 늘 좋은 결과를 내야 한다는 것. 프로는 기분이나 감정에 상관없이 언제든지 일정 수준 이상의 결과물을 만들어낸다.

아나운서로 일하면서 연차가 쌓이자, 피곤하든 새벽 방송이든 속보 상황이든, 결과물의 퀄리티는 늘 일정했다. 그건 실력 이상의 훈련된 태도였다. 결론적으로 프로처럼 일한다는 건 이런 것이다.

시간 약속과 결과물에 책임진다.
컨디션에 흔들리지 않는다.
피드백을 성장의 재료로 삼는다.
스스로의 기준을 높인다.

내 이름이 붙은 결과물이라면, 작은 것 하나라도 프로답게. 그게 내가 배운 가장 강력한 무기였고, 내가 누군가에게 꼭 전하고 싶은 말이다. 작게 시작해도 좋다. '나는 이 일의 전문가다'라는 마음으로 시작해보라. 그러면 주변 사람들도 당신을 진짜 프로로 대우하게 될 것이다.

말에도 쉼표가 있다

아나운서가 되기 전 나에겐 좋지 않은 말습관이 있었다. 말이 너무 빠르다는 것. 평소에도 대화할 때 말이 빠른 편이었지만, 카메라 앞에만 서면 말에 무슨 모터라도 단 듯 속도가 더 가팔라졌다. '말이 빠른 게 무슨 큰 문제냐'고 생각할 수 있다. 그러나 내 입으로 말한 걸 다시 영상으로 확인해보면, 정말이지 '내가 과연 이 길이 맞을까?' 하는 회의감이 들 정도로 어색해 보였다.

준비생 시절에는 어쨌든 합격하겠다는 목표 아래 가장 많이 지적받은 말의 속도를 줄이기 위해 꾸준히 노력했다. 일단 방송국에 들어가야 했기 때문에, 무조건 되어야겠다는 절실함이 있었다. 그러다 보니 조금씩이나마 고쳐지기는 했다. 하지만 있었다는 걸 알고 있었지만, 그때는 속도가 얼마나 말하기 전

반에 큰 영향을 미치는지까지는 이해하지 못한 채 아나운서가
되어버렸다는 것이다.

원인을 모른 채 임시방편으로 고친 내 습관은 프로들의 세계
에서는 금방 들통이 났다. 방송국에 입사하고 나서 뉴스 연습
이든, 프로그램 진행이든, 내레이션이든, 어떤 장르를 가리지
않고 내가 가장 많이 지적받은 부분은 언제나 '속도'였다.

천천히 말해도 괜찮습니다

신기한 건 그렇게 빨리 말했음에도 의외로 스크립트를 읽을
때 오독은 거의 없었다는 점이다. 오독 없이 정확하게 읽는데
도, 듣는 입장에서 내 말은 어딘가 이상했다. 선배들의 뉴스나
진행을 모니터링해보면 그들은 말이 정돈돼 있고, 날카로우며,
무엇보다 귀에 탁탁 꽂히는 느낌이 분명히 있었다. 그러나 나
는 뭔가 정제되지 않은 아마추어 같았다. 말의 속도는 이상하
게도 계속 지적받아도 쉽게 고쳐지지 않았다.

"섭아, 좀 천천히."

"섭 아나운서님, 조금만 천천히 해주세요."

이런 말은 선배부터 팀장, PD, AD까지 수도 없이 많이 들었
다. 하지만 일시적으로 좋아지는 듯하다가도 어느 순간 또 원
래대로 돌아가 있었다.

그럼 도대체 언제, 어떻게 바뀌게 되었을까. 그 답은 싱거울
정도로 간단하다. 연차가 쌓이니 해결되었다. 더 정확히 말하
면, 연차가 쌓이고 여유가 생기면서 자연스럽게 해결되었다.

　반대로 생각해보면, 말이 빠르다는 것은 내게 여유가 없어 보인다는 뜻이었다. 여유가 없어 보이니 당연히 프로처럼 보이지 않고, 말을 잘하는 사람처럼 보이지 않는 것도 어쩌면 당연한 일이다. 다시 말하면, 말의 속도만 해결되어도 여유 있어 보이고, '말을 잘한다'는 인상을 줄 수 있다. 그래서 지금 누군가가 대중 앞에서 스피치를 해야 하거나 중요한 미팅 자리에서 말을 잘해야 한다며 조언을 구한다면, 나는 아마 주저 없이 한 가지를 말할 것이다.
　"말의 속도를 천천히, 여유 있게 가져가세요."

　말이 빠르면 전달력이 떨어진다. 특히 전문적인 분야의 대화가 오갈 때는 더욱 천천히 말해야 한다. 내가 아무리 상대에게 필요한 정보를 전달하려고 해도 말이 빠르면 내용이 제대로 전달되지 않는다. 듣는 사람이 이해하지 못하면, 그 대화나 발표는 성공했다고 보기 어렵다.
　그리고 말이 빠르면 두 번째로는 긴장돼 보이고, 자신감이 떨어져 보인다. 긴장하거나 자신이 없는 사람일수록 말을 급하게 쏟아낸다. 그러다 보니 본인이 준비해온 이야기들에만 머물 뿐, 청중이나 상대방의 반응을 제대로 살피지 못한다. 와다다다 말을 쏟아내고, 상대가 어떤 표정인지 어떤 반응을 보이는지 확인하지 못한다. 말은 오갔지만, 제대로 된 대화는 아니었을 가능성이 높다.
　세 번째로는, 중요한 부분이나 공감을 유도해야 할 포인트를 제대로 전달하기 어렵다. 그렇다 보니 스피치가 밍숭맹숭해지고, 듣는 사람 입장에서는 점점 지겨워진다. 역시나 전달력이 떨어지는 결과로 이어진다. 속도가 빠르고 여백이 없다 보면, 어디가 중요한 부분인지 파악하기가 어려워질 수밖에 없다. 그러면 투자든 협상이든, 설득이 필요한 자리에서는 좋은 결과를 얻기 어려울 것이다.

말할 때 여유를 가지려면

말을 천천히 하는 게 어려울까? 어떤 사람들은 원래부터 여유가 넘치고, 흔히 요즘 말하는 'E' 유형처럼 타인과의 대화에서 긴장을 덜 느끼기에 천천히 말하는 게 어려운 일이 아닐 수도 있다. 하지만 그렇지 않은 우리 일반적인 사람들에게는 몇 가지 말의 속도를 조절하는 방법을 제안하고 싶다.

첫 번째는 퍼즈pause를 사용해 의도적으로 속도를 늦추는 것이다. 방송할 때 '이 정도면 충분히 천천히 말하는 거겠지?'라고 생각하며 뉴스를 진행해도, 실제로 들어보면 전혀 느리지 않다. 오히려 본인은 천천히 했다고 느끼는데도 듣는 입장에서는 빠르다. 그 정도로까지 천천히 해도 괜찮다. 오히려 그렇게 해야 자연스럽다.

본인의 목소리를 녹음해서 들어보는 것을 추천한다. 특히 자주 틀리는 발음이나 어려운 단어 앞에서는 더더욱 의도적으로 퍼즈를 넣어라. 예를 들면 '이비인후과', '관광' 같은 단어들은 누구나 실수하기 쉬운 단어다. 프로 아나운서들도 본인이 잘

틀리는 단어 앞에서는 더욱 여유롭게, 더욱 천천히 말한다. 천천히 타이핑하면 오타가 줄듯, 천천히 말하면 오독할 확률도 줄어들기 마련이다.

두 번째는 '침묵' 혹은 '소리의 공백'을 견디는 것이다. 우리는 대화 중에 무음이 발생하면 괜히 불안해진다. 아무 소리도 나지 않는 그 찰나의 순간을 견디지 못하고 스스로 급하게 말을 덧붙이는 습관이 있다. 하지만 그럴 필요 없다. 공백은 대단히 자연스러운 현상이다.

생각해보라. 만약 당신의 목소리로 모든 대화가 끊임없이 채워진다면 상대는 무슨 얘기인지 제대로 듣지도, 이해하지도 못할 것이다. 요즘은 AI가 많아져서 안내 방송이 기계음으로 나올 때가 있다. 가끔 퍼즈 없이 빠르게 읽어 내려가는 기계음은 아무리 들어도 무슨 말인지 잘 알아듣지 못할 때가 있다. 게다가 사람의 목소리처럼 느껴지지 않아 더 어색하게 들린다. 그림에서도 '여백의 미'가 있듯, 대화에도 '말의 여백'이 필요하다. 그 여백이 있을 때 대화는 더 자연스럽고, 전달력은 높아지고, 듣는 사람 입장에서도 훨씬 세련되고 좋게 들린다.

세 번째는, 비언어적인 표현을 섞어 여유를 한 스푼 더하는 것이다. 본인이 강조하고 싶은 지점에 적절한 제스처를 더하거나, 청중을 향한 시선 처리를 곁들이는 것이 효과적이다. 이런 것들은 자연스럽게 말의 속도를 조절해준다. 운전에 비유하자면, 최신 자동차에 있는 '크루즈 기능'처럼 생각하면 된다. 내가 설정해놓은 속도에 맞게 도로 상황이나 앞차 간격에 맞취 자동으로 속도를 줄였다가 회복하는 것처럼, 제스처나 적절한 시선처리라는 장치를 대화에 걸어두면 훨씬 더 자연스럽고 여유로운 대화가 만들어진다.

하지만 경계해야 할 부분도 있다. 말을 음가대로 모두 띄워서 읽거나, 본인의 호흡 단위, 그러니까 숨이 차는 지점에서 끊어 읽으면 오히려 전달력이 떨어진다. 적절한 퍼즈는 주되, 청중이 이해하기 쉬운 '의미 단위'로 읽어야 한다. 그래야 본인이 전하고 싶은 메시지가 더 정확하고 명확하게 전달될 수 있다.

예를 들어 보자.

우리 가족은 지난 주말에 맛있는 도시락을 싸서 한강 공원에
놀러 갔어요.

호흡 단위로 끊으면 이렇게 된다.

우리 가족은 / 지난 주말에 / 맛있는 도시락을 / 싸서 / 한강
공원에 / 놀러 갔어요.

이렇게 말하면 문장이 뚝뚝 끊기고, 자연스럽지 않다. 듣는 사람 입장에서도 의미 전달이 제대로 되지 않을 가능성이 높다. 반면 의미 단위로 끊으면 이렇게 된다.

우리 가족은 지난 주말에 / 맛있는 도시락을 싸서 / 한강 공원
에 놀러 갔어요.

이렇게 끊으면 듣는 사람에게 훨씬 더 자연스럽고, 의미도
훨씬 잘 전달될 것이다. 이처럼 퍼즈를 익히고, 여유를 갖고,
비언어적인 표현을 더해 대화를 하면 달라진다. 말에 여유가
생기고, 긴장해 보이지 않으며, 듣는 사람의 반응을 볼 여유가
생긴다. 그러면 전달력과 설득력은 자연스럽게 따라온다.
　빠른 말은 정보를 전달하는 것에 그친다. 단 1초의 여유, 그
짧은 멈춤이 대화의 인상을 완전히 바꿔놓는다.

아나운서처럼 말하지 마세요

코로나19 사태가 서서히 잦아들던 무렵 아는 교수님께 연락이 왔다.

"김섭 기자, 혹시 우리 학교 학생들한테 커뮤니케이션 강의 한 번 해주실 수 있나요?"

주저할 이유가 없었다. 흔쾌히 강의 날짜를 잡았다. 그런데 막상 강의실에 들어서자마자 한숨부터 나왔다. 커뮤니케이션 강의인데, 마스크를 써야 했다. 말을 전하는데 입을 가려야 한다는 것은, 바둑을 두는데 차포 떼고 두라는 말과 같았다. 그나마 다행이라면, 학생들이 내 눈빛 하나라도 놓치지 않으려는 듯 눈만은 또렷하게 반짝였다는 것이다. 강의실 뒷자리에 앉은 몇몇 학생들은 처음엔 휴대폰을 만지작거리기도 했다.

그런데 내가 첫 질문을 던지자, 서서히 눈길이 모였다.

"자, 여러분은 '말을 잘하는 사람' 하면 누가 떠오르나요?"

잠깐의 정적이 흐른 뒤, 여기저기서 이름이 튀어나왔다.

"오바마요!"

"스티브 잡스요!"

누구나 알 만한 정치인, 연예인, 심지어 유명 유튜버 이름까지 나왔다. 예상대로였다. 요즘 학생들은 '말잘러'라는 신조어까지 만들어 쓸 만큼, 말을 잘하고 싶어 했다. 나는 한 가지를 더 해보기로 했다.

"그럼 직접 한 번 해볼까요? 이 안에도 '말잘러'가 분명 숨어 있을 거예요."

주제를 던졌다. 너무 흔해서 오히려 본색이 드러나는 '자기소개'였다. 그런데 놀랍게도 자원자를 받자마자 여러 명이 손을 번쩍 들었다. 어릴 적부터 미디어에 익숙한 세대라 그런지, 무대에 서는 걸 크게 두려워하지 않은 듯했다. 준비 시간을 짧게 준 뒤, 한 명씩 앞으로 나왔다. 역시나 곧잘 했다. 그런데 한 가지 공통점이 있었다. 꽤 많은 학생들이 마치 '아나운서처럼' 말하려고 애쓰고 있었다. 표준어 발음, 정확한 억양, 조심스러운 손동작, 두 손을 가지런히 모은 자세까지. 어디서 본 듯한 톤과 리듬이었다.

"혹시 일부러 이렇게 말한 거예요?"

자신 있게 손 들었던 학생이 쑥스러운 표정으로 답했다.

"아… 아나운서처럼 말하면 말을 잘하는 것 같아서요…"

이 장면은 비단 대학 강의실에서만 볼 수 있는 모습이 아니다. 나는 기업 대표나 정치인을 대상으로 컨설팅을 할 때도 똑같은 장면을 여러 번 봤다.

한 번은 대기업 대표님이 내게 물었다.

"저도 아나운서처럼 말할 수 있게 코칭해주실 수 있나요?"

왜 그러시냐고 여쭤보니, 과거 홍보 영상을 보면 자신이 너무 어눌해 보여 창피하셨다는 거였다. 그래서 이번엔 발음을 또박또박, 억양은 분명하게 하려고 대본을 달달 외우셨다고 했다. 그런데 막상 영상을 보면 어색하기만 했다. 내용은 귀에 들어오지 않고, 딱딱한 목소리만 남았다.

막연히 아나운서처럼 말하고 싶다는 사람이 많은 것은 사실 아나운서처럼 말하는 게 '말 잘하는 것'의 정답이라고 오해하기 때문이다.

말 기술보다 중요한 것

여기서 이런 의문이 들 수 있다. "아나운서 출신이 왜 아나운서처럼 말하지 말라고 하나요? 아나운서가 제일 말을 잘하는 거 아니에요?"

맞다. 아나운서는 말을 잘한다. 스튜디오에 서면, 단 몇 줄의 원고를 수십 번 읽고 또 읽는다. 발음 하나, 억양 하나가 흔들리지 않도록 연습한다. 나도 그랬다. 'On air' 불이 켜질 때까지 마이크 앞에서 몇 번씩 예독을 하고 문장마다 잘 끊어 읽기 위해 꼼꼼히 체크해놓는다. 그래야 카메라 앞에서 뉴스를 실

수 없이 마칠 수 있었다. 그래서 뉴스나 다른 프로그램 안에서 아나운서는 신뢰감 있고 전달력이 좋은 소통 전문가로 보이는 것이다. 정확하고 반듯하다. 신뢰감이 있다. 한 치 오차 없이 정보를 전달한다.

하지만 중요한 전제가 있다. 그 무대는 원래부터 아나운서를 위해 만들어진 무대라는 점이다. 내가 어릴 적만 해도 아나운서는 거의 모든 프로그램의 얼굴이었다. 뉴스는 물론 시사 프로그램, 심지어 예능 프로그램 진행까지 아나운서 몫이었다.

하지만 이제는 다르다. 무대가 바뀌면 얘기가 달라진다. 요즘 예능이나 유튜브만 봐도 쉽게 알 수 있다. 유명한 예능이나 유튜브 채널에서 아나운서가 메인 MC를 맡는 경우는 흔치 않다. 대부분 예능과 유튜브는 자유롭고 솔직한 이야기, 때로는 조금은 무너진 모습에서 진정성을 찾는다. 반듯한 톤과 딕션은 오히려 시청자에게 벽으로 느껴지기도 한다.

그렇다면 우리에게 진짜 필요한 건 무엇일까? 아나운서처럼 말하는 기술이 아니라, '내 이야기를 담백히 꺼낼 수 있는 능력'이다. 말을 잘한다는 건 '소재 싸움'이다. 내 안에 말할 재료가 있느냐 없느냐로 갈린다. 발음이 아무리 완벽해도, 꺼낼 이야기가 없으면 공허하다. 반대로 발음이 조금 꼬여도, 내 얘기가 있으면 사람들은 귀를 기울인다.

소개팅 예시를 떠올려보자. 남자가 마음에 드는 상대 앞에서
묻는다.

남 취미가 뭐예요?

여 요리하는 걸 좋아해요. 집에서 자주 해 먹어요.

나쁘지 않다. 깔끔하다. 하지만 대화는 거기서 멈출 가능성
이 높다. 같은 대답을 이렇게 풀어보면 어떨까?

제가 요리를 좋아해서 룸메이트한테 한 번 닭볶음탕 해줬거든요. 원래 2주
내내 김치볶음밥만 먹던 애인데, 그 뒤로 저 없으면 밥 못 먹는다고 난리예
요. 가끔은 귀찮긴 해도 잘 먹는 거 보면 보람 있더라고요.

어떤가? 같은 '요리' 얘기지만, 상황과 맥락이 맞아떨어진다.
상대는 자연스럽게 "어? 무슨 요리 더 잘해요?" 하고 물을 수
도 있다. 면접도 마찬가지다. 조리 있게 외운 대본만 읊으면 금
방 잊힌다. 반면 조금 버벅거리더라도 '자기 이야기'가 있으면
상대의 마음에 남는다.

'아나운서처럼 말하고 싶다'는 말의 이면에는 단정해 보이고
싶은 마음이 있다. 신뢰를 주고 싶어서다. 물론 그 마음 자체는
좋다. 발음이 정확하고 억양이 명확하면 나쁠 건 없다. 하지만
그것만으로는 충분하지 않다. 사람들이 듣고 싶어하는 건 '내
이야기'다. 조금 서툴러도 좋다. 오히려 그 서툰 진심에 사람들

은 마음을 연다.

그렇다면 어떻게 연습해야 할까?

1. 내가 잘 아는 주제를 하나 정하라.
2. 그 안에 내 경험 한 줄을 꼭 담아라.
3. 그걸 누군가에게 자연스럽게 말해보라.

처음엔 어색하다. 하지만 두 번, 세 번 하면 달라진다. 말을 잘하고 싶다면, '내 얘기'를 꺼내는 연습부터 하는 것이 좋다. 말을 잘한다는 건 기술일 수 있다. 하지만 기술만으로는 누구의 마음도 움직일 수 없다. 진짜 말을 잘하는 사람은, 자신을 솔직하게 꺼내놓을 줄 아는 사람이다.

아나운서처럼 말하려고 애쓰지 말라. 조금은 투박해도 좋다. 내 목소리, 내 억양, 내 결로 말하라. 듣는 사람은 발음보다 진심을 듣고 싶어 한다. 말을 잘하고 싶은가? 그렇다면 내 이야기를 한 줄이라도 더 준비하라. 그 한 줄의 이야기가 당신의 말을 어떤 수려한 기술보다 풍성하게 만들어줄 것이다.

대화는 대본이 아니다

YTN은 대부분의 방송이 생방송으로 진행된다. 신입 시절에는 긴장해서 가끔은 혀가 꼬여 '어버버'하던 시절도 있었지만, 연차가 쌓이면서 나름대로 여유가 생겼고 요령도 조금은 붙었다. 라디오 정시 뉴스도 이제는 제법 능숙하게 해냈다. AD나 PD 선배들도 뉴스 부스에 내가 들어가 있으면 불안해하지 않고, 믿고 맡기는 눈빛이었다.

라디오 뉴스에서 가장 중요한 것은 원고를 정확히 읽는 것도 있지만, 사실은 시간과의 싸움이다. 뉴스가 끝나면 바로 광고가 붙기 때문이다. 그래서 뉴스 부스에 들어가기 전, 몇 분 몇 초에 끝내야 하는지 머릿속으로 계산했다.

읽다가 시간이 다가오면 문장을 자연스럽게 마무리하고, 몇 초 모자라면 현재 날씨나 시간을 덧붙여 콜사인까지 딱 맞춰야 했다. 그래야 바로 이어지는 광고에 빈틈이 없다. 내 자랑 같지만, 방송하는 동안 시간을 못 맞춘 적은 한 번도 없었다. 뉴스를 또렷하고 신뢰감 있게 전하는 것뿐 아니라, 편성에도 누가 되지 않게. 그 덕에 내 연차에 비해 방송 기회가 자주 찾아왔다.

아나운서에게 기회는 종종 선배의 부재에서 시작된다. 선배가 병가를 내거나 긴 휴가를 가면 자연스럽게 뉴스를 제외한 다른 프로그램을 대타로 맡을 기회가 생긴다. 물론 그 전에 기본인 뉴스를 흔들림 없이 해내야 한다. 그래야 안심하고 맡길 수 있다. 방송은 연습이 아니기 때문이다.

어느 날, 선배가 2주 이상 장기 휴가를 떠나게 됐다. 기회는 준비된 자에게 온다는 말이 딱 맞았다. 나로선 정신없이 배우고 익히며 매일 반복되는 뉴스와 주말 당직으로 1년을 채웠을 뿐인데, 뜻밖의 기회가 찾아왔다. 먼저 선배가 조심스럽게 대타를 부탁했고, 곧바로 팀장님의 지시가 뒤따랐다. 내 위에 다른 선배들도 있었지만, 팀장님은 "조금 새로운 느낌으로 가보자"며 내게 맡기길 원하셨다.

나중에 선배에게 들은 이야기지만, 충분히 해낼 수 있을 거라 믿었기 때문이라고 했다. 그리고 조금은 감사한 이야기지만, 늘 뉴스에서만 보던 신입 아나운서를 청취자들이 진행자로 만나면 더 진솔한 이야기를 들려줄 수 있을 거라 생각했다고 한다. 지금도 선배는 특별히 날 챙긴 것이 아니라, 맡은 일은 '프로답게' 해내는 모습을 보고 선택했다고 말한다.

주말 내내 선배가 진행했던 지난 방송을 반복해서 모니터링했다. 휴대폰으로 녹음 파일을 들으면서도 머릿속은 복잡했다.

'잘할 수 있을까? 첫날부터 사고라도 나면 어쩌지?'

누구 하나 대신해줄 수 없는 자리인 터라, 마음이 조마조마했다. '그냥 뉴스만 잘 읽으면 되지'라는 생각으로는 안 되는 자리였다. 내가 맡게 된 프로그램은 매일 정오에 시작하는 '뉴스 & 뮤직'이었다. YTN이 보도 전문 채널이다 보니 뉴스가 중심이었지만, 라디오에서 뉴스만 계속 흘러나오면 금방 지루해진다. 그래서 신청곡과 사연을 받고 음악을 들려주며, 각 코너마다 문화계 전문가가 출연해 한 주간 연예계 이슈나 문화 행사를 소개하는 등 다채로운 이야기를 나누는 프로그램이었다.

방송국은 늘 시간에 쫓기는 곳이다. 결정은 임박해서 이루어지고, 대타라고 해서 준비할 시간을 길게 주지 않는다. 그때도 금요일에 프로그램 진행을 통보받았고, 바로 다음 주 월요일부터 마이크 앞에 앉아야 했다.

"대화가 부자연스러운 건 네가 안 듣기 때문이야"

월요일 아침 9시. PD님, 작가님과 첫 미팅을 하고 대본을 손에 쥐었다. 오프닝 멘트는 방송 직전에 바뀔 수도 있기에 리허설은 따로 없었다. 그나마 코너에 나올 출연자와 나눌 대화 스크립트를 최대한 머릿속에 집어넣었다. 어느새 부스 안 마이크 앞에 앉았다. 이어폰 너머로 들려오는 PD의 사인, 테이블 위에 펼쳐진 원고, 그리고 유리벽 너머로 빨갛게 켜진 'ON AIR' 불빛. 그 불빛을 볼 때마다 항상 같은 생각이 들었다.

'이제 아무도 도와줄 수 없다. 김섭, 그냥 잘해내야 한다.' 틀려도, 실수해도 그 모든 책임은 내 몫이다. 내가 한 실수가 아니어도, 청취자에게는 내가 잘못 전달한 것이나 다름없다. 배경음악이 흐르고, 오프닝 멘트를 잘 전했고, 뉴스도 무난히 읽었다. 음악도 자연스럽게 넘어갔다. 이제 남은 건 출연자와의 코너였다. 연습도 충분히 했으니 무리 없을 거라 생각했다. 그런데 출연자가 들어오자 모든 게 꼬였다.

대본은 대본일 뿐이었다. 뉴스처럼 스크립트대로만 읽으면 될 줄 알았는데, 대화는 그렇게 흘러가지 않았다. '핑퐁 하듯 주고받아야 하는 대화가 대본대로만 갈 리가 없지.' 지금은 당연한 이야기지만, 그때의 나는 몰랐다. 대본대로 하려니 대화는 어색했고, 표정은 굳었고, 공기는 뻣뻣했다. 좋은 콘텐츠를 작가님이 준비해줬는데도, 청취자에게는 전달되지 않았다. 진행자인 내가 중심을 못 잡으니 출연자도 당황했고, 결국 모든 것이 꼬였다. 우여곡절 끝에 클로징 멘트를 어영부영 읽고 프로그램을 마쳤다.

뭐가 문제였을까? 선배 앵커가 무심한 듯 진심이 담긴 말을 건넸다.

"섭, 대화가 부자연스러운 건 네가 안 듣기 때문이야. 경청을 해야 어떤 코멘트를 할지, 질문은 뭘 할지 떠오르지 않겠냐?"

솔직히 금방 이해되지는 않았다. 내 마음속 한구석엔 여전히 이런 생각이 있었다. '내가 말을 잘하면 다 된다. 출연자보다 내가 말을 더 잘하는 진행자니까. 대본대로만 하면 된다.'

결국 3주 동안 출연자와의 만담 코너는 내 스스로도 만족스럽지 않았다. 쉽게만 보였던 첫 데일리 프로그램은 그렇게 끝났다. 그러다 4년 차쯤, TV 뉴스 앵커를 맡게 됐다. 이번에는 교수님들이 출연해 대담하는 코너가 있었다. 학술적인 내용이 많았는데, 스크립트를 읽어도 모르는 내용 투성이였다.

이상했다. 모르니까 오히려 듣게 됐다. 카메라가 돌아가는지조차 잊고, 교수님의 답변을 하나라도 놓치지 않으려 했다. 그렇게 집중해서 듣다 보니, 준비한 질문이 아니라 자연스러운 코멘트가 먼저 나왔다. 시청자가 궁금할 만한 질문도 술술 따라 나왔다. 대본은 더 이상 갑옷이 아니었다. 그냥 내가 들은 것을 풀어낼 수 있는 지도가 되었다. 부스를 나오며 무릎을 탁 쳤다.

경청. 누군가에게는 당연한 이야기일지 모르겠지만, 내겐 그 순간이 달랐다. 커뮤니케이션 능력이 한 단계 올라선 느낌이 있었다. 생각해보면 너무 당연하다. 커뮤니케이션은 혼자 하는 게 아니다. 내가 말하고 내가 이끌고 내가 답하는 게 아니다.

요즘은 말을 잘하는 사람은 많다. 말은 화려하고 표현은 다채롭다. 센스와 위트를 갖춘 '말 잘러'들은 넘친다. 그런데 진짜 '커뮤니케이션'을 잘하는 사람은 많을까? 오히려 더 줄어든 것 같다.

잘 들어야 잘 말할 수 있다

요즘 콜 포비아call-phobia, 전화 공포증을 겪는 이들이 늘었다. 실제로 새로 들어온 인턴 사원은 카페에서 주문은 잘하면서도, 같은 말이지만 거래처에 전화할 때는 손이 덜덜 떨린다고 했다. 친한 사람에게는 어렵지 않지만, 낯선 사람에게 전화를 걸어 설명하고, 설득하고, 협상하는 건 큰 벽처럼 느껴진다.

커뮤니케이션을 잘하는 사람들은 공통점이 있다. 일단 잘 듣는다. 유명 MC들이 출연자와 대화하는 걸 보면 답이 보인다. 단순한 반응이 아니라, 진짜로 이해하려 한다. 충분히 듣고 생각한 뒤, 꼭 필요한 질문으로 상대의 마음을 연다.

말을 끊지 않는 건 기본이다. 때로는 대화 중 침묵도 필요하다. 침묵은 경청에서 가장 강력한 덕목이다. 쉬워 보이지만 쉽지 않다. 그런데 신기하게도, 진짜 이야기는 침묵해주는 사람에게 흘러나온다. 결국 말을 잘하고 싶다면, 먼저 잘 들어야 한다. 경청은 상대에게 생각을 정리할 시간을 주고, 감정을 풀 공간을 만들어준다. 그 안에서 진짜 이야기가 나온다. 좋은 커뮤니케이터는 그 타이밍을 놓치지 않는다. 경청은 많은 에너지가 든다. '듣는 게 뭐가 힘들어?'라고 생각할 수 있지만, 말하는 것만큼 듣는 것도 힘들다. 리스닝Listening과 히어링Hearing의 차이다.

학창 시절 듣기 평가를 떠올려보라. 국어든 영어든, 듣기 평가를 하고 나면 배가 고플 정도로 에너지가 빠졌을 것이다. 말을 잘하는 사람을 넘어, 진짜 소통을 잘하는 사람이 되고 싶다면 '경청'이라는 열쇠를 쥐어야 한다. 마지막으로, 경청을 잘하는 사람들의 공통점을 적어본다.

1. 상대의 말을 끊지 않는다

2. 수동적으로 듣지 않는다. 고개를 끄덕이거나 짧은 피드백을 준다.

3. '나도 그래'가 아니라 '너는 그렇구나'로 반응한다.

4. 상대의 말을 요약하고 되묻는다.

5. 내 생각만 고집하지 않고 상대의 언어를 존중한다.

오늘부터는 한번 연습해보라. 친구와 대화할 때도, 가족과 식탁에서 이야기할 때도 '먼저 듣고, 다시 묻고, 짧게 정리해준다.' 그 작은 연습이, 당신을 말을 잘하는 사람에서 진짜 '대화가 되는 사람'으로 만들어줄 것이다.

호감형 사람들은
무엇이 다를까

아나운서를 하면서 배운 것이 많다. 말을 조리 있게 잘하는 법, 세상을 더 넓게 바라보는 시야, 어떤 상황에서도 긴장하지 않고 내 생각을 또렷하게 표현하는 기술 등등, 지난날들을 떠올려 보면 꽤 많은 것들이 내 안에 쌓여 있음을 느낀다. 그중에서도 요즘 흔히 게임 용어로 쓰이는 '패시브 스킬', 그러니까 특별히 노력하지 않아도 자동으로 발현되는 능력 하나가 자연스럽게 생겼다. 바로 '호감'이다.

호감에 대한 이야기를 좀 더 본격적으로 하기 전에 호감에 대한 흔한 오해 하나를 먼저 짚고 넘어가려 한다. 사람들이 갖고 있는 여러 오해 중에서도 가장 흔한 것은 바로 외모가 호감도에 미치는 영향을 과대평가한다는 것이다. 아나운서 준비생들 중에서도 외모가 가장 큰 경쟁력이라고 생각하고 준비의 방점을 외모에 두는 경우를 꽤 자주 봐왔다. 하지만 현직에서 일하는 선후배들에게 "외모가 정말 아나운서에게 가장 중요한가?"라고 묻는다면, 대부분은 단호하게 "아니"라고 할 것이다.

'상견례 프리패스상', '면접 프리패스상'이라는 표현이 있다. 이 사람들의 특징이 바로 호감형이라는 것이다. 여기서 중요한 점은 외모와 호감을 동일시하지 않는 것이다. 호감도는 외모보다 전체적인 인상과 이미지가 좌우한다. '아나운서 이미지'를 떠올리면 전반적으로 호감인 경우가 많다. 하지만 외모가 더욱 뛰어난 배우나 연예인들을 떠올려보면 어떤가? 사람마다 다르다고 느낄 것이다. 즉, 호감이란 외모 자체에서만 오는 것이 아니라, 호감을 일으키는 특정 요소들이 있음을 분명히 알 수 있다.

호감이란 사람들로 하여금 '좋게 느끼게 만드는 감정'을 말한다. 외모는 첫인상을 좋게 만들 수는 있다. 사람은 보통 3~7초 사이, 그러니까 찰나의 순간에 상대방의 외모를 판단한다고 한다.

소개팅 자리에서 상대가 걸어오는 순간 이미 외모에 대한 평가는 끝난다. 잘생기고 예쁘면 일단 소개팅에서 상대에게 좋은 첫인상을 줄 수 있긴 하다. 하지만 아무리 외모가 훌륭해도, 말투가 공격적이거나 지나치게 자기중심적이라면 그 첫인상은 금방 무너진다. 반대로 외모는 평범해도 내 말을 잘 들어주고 공감해주며 매너까지 좋은 사람이라면 그 사람에게는 호감이 쌓이게 된다. 최소한 한 번 더 만나보고 싶다는 생각이 들 것이다.

외모는 처음에 상대의 관심을 끌 수는 있지만 거기까지다. 반면 호감은 좋은 감정을 넘어 신뢰를 만들어낼 수 있는 힘이 있다. 호감이라는 능력을 지닌 사람들은 타인보다 훨씬 더 큰 어드밴티지를 갖고 삶을 살아간다. 단순히 인간관계에서 유리한 게 아니다. 인생 전체가 훨씬 부드럽고 풍요롭게 흘러간다고 할까? 호감을 잘 산다고 해서 모든 것이 술술 풀리고 일사천리로 성취가 이루어지는 건 아니다. 하지만 목표를 이루는 데 있어 훌륭한 촉매제 역할을 해준다는 점은 부정할 수 없는 사실이다.

호감을 잘 얻는 사람들은 상대에게 '더 알고 싶다'는 인상을 준다. 직장, 소개팅, 비즈니스 등 어떤 관계든 초반의 거리감을 빠르게 좁힐 수 있다. 영업의 세계에서도 비즈니스가 성사되기까지는 수치나 데이터 같은 정성적인 분석도 중요하지만, 때로는 상대의 호감도에 따라 성사 확률이 달라지는 경우도 많다. 비즈니스도 사람이 하는 일이기 때문이다.

따라서 호감을 얻는 사람에게는 자연스럽게 기회가 많아진다. 실력이 비슷하거나, 때론 실력이 조금 부족하더라도 사람들은 호감 가는 사람에게 더 많은 기회를 주고 싶어한다. 팀 프로젝트, 발표, 면접 모두 마찬가지다. 기회를 많이 받는다는 건, 어려운 일들을 더 많이 맞닥뜨릴 기회를 얻게 된다는 의미이기도 하다. 성취할 기회가 많아지지만, 목표에 도달하기까지 스트레스와 험난함은 분명히 따르게 마련이다.

호감은 신뢰의 시작

그리고 무엇보다, 호감형의 가장 중요한 강점은 바로 '신뢰'를 얻는다는 점이다. 인간관계, 연인 관계를 포함해 어떤 관계에서든 가장 쌓기 어렵고 중요한 가치는 바로 신뢰다.

사람은 때론 호기심으로 누군가에게 관심을 갖게 되지만, '신뢰'라는 것은 다양한 부분이 충족되어야만 생겨난다. 함께한 시간, 말투, 행동, 타인과 지내는 모습 등 여러 가지 고려 요소가 충족되어야 비로소 상대는 그 사람을 신뢰하게 된다. 하지만 호감형들은 이 단계를 유난히 빠르게 넘어서곤 한다. 물론 악의적으로 호감만을 사려는 이들을 제외하고 말이다. 호감이라는 것은 그 사람의 '태도' 전체로 인식되기에, 자연스럽게 신뢰로 이어지게 된다. 그래서 아나운서를 하며 얻게 된 가장 큰 장점이 바로, 호감을 통한 인간관계에서 '신뢰'받는 사람으로 비치게 된 것이라 생각한다.

그렇다면 호감을 잘 얻는 사람은 어떻게 만들어질까? '만들어진다'라고 표현한 이유는 누구나 노력하면 호감 가는 사람이 될 수 있기 때문이다.

첫째, 상대의 말을 잘 들어주는 것부터 시작하라. 생각보다 많은 사람들이 대화 중에 상대의 말을 끊고 자기 이야기를 먼저 한다. 하지만 호감의 시작은 언제나 '잘 듣는 것'에서 비롯된다. 내가 이야기를 하고 있는데 상대가 듣지 않고 핸드폰을 본다거나, 자꾸 끼어든다면 있었던 호감도 금세 사라질 것이다.

경청하고 있다면 응답하라. 아나운서를 하면서 자연스럽게 체득한 커뮤니케이션의 좋은 습관 중 하나가 '리액션'이다. 상대방의 말에 방해가 되는 말이 아니라, 공감과 경청을 하고 있다는 신호를 보내는 일종의 사인이다. 리액션을 할 때는 조언이나 자기 경험담을 말하고 싶은 유혹을 이겨내야 한다. 대화에서는 조언보다는 상대의 이야기를 한 번 더 패러프레이징paraphrasing해주며 경청을 넘어 공감하고 있다는 느낌을 전달하는 게 훨씬 좋다.

예를 들어보자. A가 런던 여행을 갈 예정이라고 말한다.

저 다음 달에 런던 여행 가요.

다음은 B의 리액션이다. 당신이라면 어떻게 대답할 것인가?

제 경험상 지금 런던을 가는 건 좀 춥고 위험할 텐데요. 제가 그때 가봤는데 별로더라고요.

자신의 경험을 바탕으로 리액션한 사례다. 가끔은 괜찮지만, 이런 조언형 리액션이 반복되면 상대는 평가받는다는 느낌을 받게 되고, '런던 여행'이라는 주제로 대화를 이어가고 싶지 않게 된다.

와, 런던 여행이요? 멋지네요. 런던에서는 어떤 특별한 계획이 있으세요?

이 리액션은 평범하지만 상황에 적절하다. 상대의 말을 한 번 더 반복해주는 건 경청하고 있다는 느낌을 줄 뿐 아니라, 대화의 흐름을 매끄럽게 해주는 일석이조의 효과가 있다. 추가 질문으로 상대가 더 이야기할 수 있도록 유도한다면, 상대는 당신이 내 이야기에 '관심이 있다'는 걸 느끼고 대화를 더 이어가고 싶어질 것이다. 대화에서 상대의 말을 패러프레이징 하는 것은 단순히 잘 듣고 있다는 신호를 주는 것에 그치지 않고, 상대가 내 이야기를 잘 정리해주었다고 느끼게 만들어 일석이조의 효과가 있다.

둘째, 당신이 먼저 이야기를 꺼낼 때는 어떻게 시작해야 할까? 대화를 처음 시작하는 일은 생각보다 어렵고, 부담스러울 수 있다. 가까운 사이가 아니라면 더더욱 그렇다. 상대에 대한 정보가 부족하기 때문에 어떤 말로 시작해야 할지, 상대의 반응이 좋지 않으면 어떻게 해야 할지 고민하다 보면 선뜻 입을 열기 어려워진다.

하지만 만약 당신이 무조건 대화를 먼저 시작해야 하는 상황에 놓였다면, 무엇을 어떻게 말해야 할까? 그럴 땐 스몰토크를 활용하면 된다. 스몰토크에 대한 자세한 이야기는 이후에 더 다루겠지만, 스몰토크란 본격적인 대화에 들어가기 전, 가볍게 던지는 이야기 정도로 생각하면 된다. "식사는 하셨나요, 날씨 참 좋네요" 같은 다소 진부한 이야기일 수도 있다. 하지만 중요한 건 소재가 아니다. 스몰토크는 본격적인 대화로 넘어가기 위한 '분위기 조성'을 위한 것이다. '뭘 이야기할까' 고민하기보다는 대화의 분위기를 편안하게 만드는 것에 방점을 둬야 스몰토크의 본연의 역할을 다할 수 있다.

날씨나 식사 같은 이야기를 하더라도, 그 목적이 분위기를 편안하게 만드는 데 있다면 자연스럽게 밝고 긍정적인 이야기들로 이어질 것이다. 그렇게 된다면 대화는 꽤 성공적으로 풀릴 가능성이 높다. 좋은 분위기를 만드는 데 초점이 맞춰졌다면, 소재 역시 정치나 연예인 비난, 사회 현상 같은 의견이 갈릴 만한 주제는 피하는 것이 좋다.

'나 화법'과 '너 화법'

스몰토크로 자연스럽게 이야기를 열었다면, 이제 상대는 당신에게 어느 정도 호감을 갖기 시작했을 것이다. 부드럽게 대화를 주도하고 싶다면, 이제는 호감을 넘어 신뢰를 얻을 수 있는 질문을 해야 한다. 아나운서는 이런 '호감을 얻는 질문'을 잘하는 전문가들이다. 시사나 예능 프로그램에서 아나운서가 MC를 맡을 때, 대화의 흐름을 적절히 이끌고 어느 한쪽으로 치우치지 않게, 또 분위기가 과하게 격해지지 않게 진행하는 모습을 본 적 있을 것이다. 안정된 톤, 정제된 단어, 유연한 진행력도 한몫하지만, 그들이 대화를 해나갈 때에는 그들만의 노하우가 담겨 있다.

바로 '나 화법'과 '너 화법'을 반반 섞어 대화하는 기술이다. 대화 중 내 얘기만 주구장창 하는 사람과 마주 앉아 있다고 생각해보라. 상대는 '나와 대화를 하려는 게 아니라 자기 이야기만 하려는구나'라고 느끼며 대화를 피하고 싶어질 것이다. 반대로 내게 질문만 계속 던지는 사람도 대화가 오래 이어지기 어렵다. '나를 취조하는 건가? 왜 자기 얘기는 하지 않는 거지?'라는 생각에 공감대가 형성되기 힘들고, 상대적으로 부담스러울 수밖에 없다.

다음은 아나운서가 '나 화법'과 '너 화법'을 적절하게 섞어 대화를 이끄는 예시다.

아나운서	요즘 '퇴사 후 인생 2막'을 준비하는 분들, 정말 많죠. 저도 SNS 보다 보면 하루에도 몇 번씩 '퇴사하고 싶은 마음'이 스치는데요. 박교수님, 실제로 이런 흐름이 많아졌다고 봐도 될까요?
교수	그렇습니다. 최근 2~3년 사이 퇴사 후 창업, 여행, 휴식 등을 선택하는 분들이 눈에 띄게 늘었고요….
아나운서	그런데 교수님, 듣다 보니까 궁금해지는 게요. 이런 분들 중에 '후회하는 사람'도 꽤 있지 않나요? 막상 현실이 녹록치 않다는 얘기도 많이 들리던데요.
교수	맞아요. 실제로 준비 없이 퇴사한 분들은 재취업 스트레스나 수입 불안에 힘들어하는 경우도 많습니다."
아나운서	그러면 중요한 건 '충동적인 퇴사'가 아니라, 철저한 준비와 자기에 대한 이해다… 이렇게 정리해볼 수 있을까요?

이 예시는 쉬워 보일 수도 있다. 하지만 핵심은 아나운서가 먼저 '나 화법'으로 '퇴사를 나도 생각해본 적이 있다'며 주제에 대한 이해와 공감을 표한 뒤, 상대의 의견을 묻는 '너 화법'으로 자연스럽게 질문을 던졌다는 점이다. 그리고 마지막 멘트에서는 '나 화법'과 '너 화법'이 절묘하게 섞여 있다. 상대가 말한 것을 정리하는 부분은 '너 화법'이고, 그것을 내 말로 다시 한 번 정리했다는 건 '나 화법'이다.

이런 대화 방식은 소개팅에서도 마찬가지로 효과적이다. '나 화법'과 '너 화법'을 잘 섞으면, 대화를 하는 당사자뿐 아니라 지켜보는 이들도 편안하게 느끼게 된다.

여자	여기 카페 아메리카노 넘 향이 좋고 맛있네요. 오늘 하루 종일 좀 긴장 됐었거든요. 마시니까 조금 긴장이 풀리는 것 같아서 다행이에요.(나 화법)
남자	아 그러셨구나. 오히려 처음 뵈었을 때부터 부드럽게 말씀해주셔서(너 화법) 저만 긴장한 느낌이었는데, 나름 다행이네요.(나 화법)

짧은 대화지만, 두 사람 모두 적절하게 '나 화법'과 '너 화법'을 섞으니 대화의 당사자도, 보는 이도 마음이 편안해진다.

호감과 신뢰는 얼핏 보면 전혀 다른 영역처럼 보일 수 있지만, '커뮤니케이션'이라는 범위 안에서 보면 둘은 절대 떨어져 있지 않다. 호감이란 태도는 상대의 닫힌 마음을 열어주는 부드러운 힘이고, 그 태도가 꾸준히 유지될 때 그것은 신뢰로 이어진다.

나는 아나운서를 그만두고 난 이후, 면접에서 떨어진 적이 없다. 과연 내가 말을 잘해서 그랬을까? 아마도 아니다. 그보다는 호감 가는 태도와, 그로 이어진 신뢰라는 '결정타'를 상대에게 잘 전달했기에 가능한 일이었다고 생각한다. 그리고 다행히도, 이런 호감형이 되는 건 아나운서만 할 수 있는 일이 아니다.

조금 더 잘 듣고, 진심 어린 리액션을 하고, 내 고정관념이 아닌 상대를 배려한 질문을 던진다면, 좋은 사람을 넘어 '믿을 수 있는 사람'으로 인식될 것이다. 그렇게만 된다면, 내가 목표로 삼은 성취는 예상보다 훨씬 더 빠르게, 자연스럽게 다가오게 될 것이다.

나의 생각은 글로 써보아야만 비로소 온전히
내 것이 된다.
혼자서 수없이 고민하고 구조화하고, 마침내
문장으로 표현해낼 때 비로소 그 생각은
단단해지고 설득력을 얻는다.
글쓰기는 번거롭고 불편하다.
그러나 그 불편함을 이겨내야 남들과는 다른,
나만의 특별한 가치를 전달할 수 있다.

3장

좋은 질문에서
좋은 글이 나온다

기자의 '질문하기'와 '글쓰기'

MBC 기자가 되다

국가정보원을 다니면서 석사 유학에 대한 관심이 커졌다. 20대에는 막연히 학부에서 배웠던 전공을 따라 파이낸스를 해보려 했지만, 이번에는 정말 관심 있고 잘할 수 있을 것 같았던 국제관계 분야를 공부하고 싶었다. 학창 시절 세계사에 관심이 많았고, 국정원에서 근무할 때도 북한 관련 업무 때문에 한반도와 극동아시아, 그리고 태평양 주변국들에 대한 공부와 정보활동을 지속하다 보니, 자연스럽게 대학원에서 더 깊이 공부하고 싶다는 생각이 들었다. 호기심 수준의 관심이 아니라, 실무와 맞닿은 경험에서 비롯된 흥미였다. 이론과 실제가 연결되는 공부를 해보고 싶다는 마음이 점점 커졌고, 그래서 진지하게 진학을 고민하게 된 것이다.

그러던 중, 나에게는 도저히 지나칠 수 없는 매력적인 공고가 하나 눈에 들어왔다. MBC에서 '북한 전문기자'를 공개 채용한다는 내용이었다. 공고를 보자마자 '이건 나를 위한 채용'이라는 확신이 들었다. 동일 연차 중 북한 분야에 있어서만큼은 나보다 밀도 있게 공부하고 실제로 정보활동까지 해본 사람이 거의 없을 것이라는 자신감이 있었다.

그러나 한 가지 걱정되는 부분이 있었다. 1차 서류 전형이었다. 아나운서로 방송국에서 일한 경험도 있었고, 정보요원으로서 북한에 대한 이해와 전문성도 충분했지만, 기자로서의 경력이 없다는 점이 치명적이었다. 기자라는 직업이 특정 자격증이 필요한 전문직은 아니지만 실무 경험의 유무가 당락에 영향을 미칠 수 있다는 점은 분명했다. 더욱이 기자라는 직무는 외부에서 보기에는 아나운서나 다른 언론 직종과 유사하게 느껴질 수 있지만, 실제로는 완전히 다르다.

기자의 일은 단순히 글을 잘 쓰는 능력이나 말솜씨 이상의 것을 요구한다. 실제로 방송국 내에서 기자들은 자신들이 '팩트를 확인하고 검증하며 직접 발로 뛰는 사람들'이라는 자부심이 강하다. 특히 현장 경험과 인맥을 무기로 삼는 경우가 많다. 같은 방송국 안에 있어도 기자들과 아나운서들 사이에는 쉽게 넘나들 수 없는 경계선이 존재한다. 이런 상황에서 '기자 출신이 아닌 사람'이 기자 직무에 지원한다는 것은 일부에게는 '감히 넘보지 말라'는 시선을 받을 수도 있는 일이었다.

이런 분위기를 잘 알고 있었기 때문에, 면접 기회만 얻는다면 기자 경력 부족에 대한 의문을 충분히 해소할 자신이 있었다. 문제는 서류였다. 서류 전형은 객관적인 이력으로만 평가되기에 내가 할 수 있는 일은 기도뿐이었다. 나의 경험이 진정성 있고 적합하다는 것을 설명할 기회를 받을 수 있기를 바랄 뿐이었다.

나에 대해 무엇을 궁금해할까?

걱정했던 것과 달리 다행히 서류는 통과했다. 다른 분야는 몰라도 '북한'이라는 주제에 있어서는 국정원 경력이 어느 정도 통했다는 의미였다. 본격적인 실무 면접 준비에 들어갔다. 올 것이 왔다는 생각이 들었고, 차분히 준비해 나갔다. 내가 받을 질문은 크게 두 가지일 것이라고 예상했다. 첫 번째는 국정원 경력에 대한 궁금증, 두 번째는 기자 경력이 없는데 왜 우리 회사가 당신을 채용해야 하느냐는 의문. 면접관들은 이 두 질문에 대해 반드시 확인하고 싶을 것이다.

면접을 앞두고 예상 질문을 미리 파악하고 준비하는 것은 매우 중요하다. 마치 시험 문제를 미리 알고 간다면 좋은 성적을 받을 수 있는 것처럼, 예상 질문을 잘 준비하면 면접에서 강한 인상을 남길 수 있다. 이 정도는 대부분의 지원자들도 잘 알고 있을 것이다.

하지만 정말 날카롭고 본질적인 질문, 즉 지원자의 깊이를 확인할 수 있는 질문들은 어떻게 예측할 수 있을까? 예상 질문의 적중률을 높이는 방법은 의외로 단순하다. 자기 자신에 대한 냉정한 분석이 선행되어야 한다. 자신의 강점이 무엇이고, 경쟁자와 비교해 차별화되는 지점은 어디이며, 스스로도 인정할 수밖에 없는 약점은 무엇인지 명확히 알아야 한다. 그런 준비가 되어 있어야 비로소 날카로운 질문 앞에서 당당하게 답할 수 있다.

하지만 많은 면접 준비생들이 이런 분석은 하지 않은 채 구글 검색이나 챗GPT에만 의존해 예상 질문과 답변을 준비한다. 면접이 끝난 뒤 "이 정도까지 물어볼 줄은 몰랐어요," "그 질문이 나올 줄은 알았지만 준비를 잘 못했어요"라고 말하는 이들의 자기소개서를 보면, 대부분 면접관 입장에서 물어볼 만한 질문이 그대로 드러나 있다. 과장처럼 들릴 수도 있지만, 면접에서 어떤 질문이 나올지는 사실 자기소개서 안에 이미 들어 있다.

다시 내 이야기로 돌아가보자. 누군가는 이렇게 말할 수도 있다. "아나운서 출신이면 면접 잘 보는 거 당연한 거 아닌가요?" 결코 그렇지 않다. 말을 잘한다고 면접을 잘 보는 건 아니다. 특히 언론사 면접은 훨씬 더 조심해야 한다. 언론사 면접관들은 말과 글로 생존하는 사람들이고, 논리 없는 추상적인 답변에는 오히려 더 집요하게 파고든다.

나는 아나운서 출신으로 호감 가는 커뮤니케이터일 수는 있었지만, 그런 이미지가 오히려 언론인들 앞에서는 마이너스로 작용할 수 있다는 생각에 철저히 준비하고 면접장에 들어섰다. 그리고 아나운서와 정보요원이라는 배경이 기자라는 직무를 대체할 수 없다는 점 역시 알고 있었기 때문에, 기자라는 역할을 새롭게 배워나가야 하는 입장이라는 걸 솔직하게 인정하면서도, 왜 내가 그 역할을 잘할 수 있는지에 대해 자신 있게 전달할 준비를 했다.

관련 경력이 없는 것을 강점으로 바꾸다

상암 MBC 신사옥은 말 그대로 광활했다. 익숙했던 여의도 구사옥이었다면 심리적인 '홈그라운드' 효과라도 있었겠지만, 낯선 공간에서 나는 완전히 새로운 도전을 마주하게 됐다. 면접 대기자들은 모두 비슷한 복장에 비슷한 분위기를 풍기고 있었다. 그 가운데 내가 상대적으로 덜 긴장해 보였다는 느낌을 받았다. 그때는 잘 느끼지 못했지만, 돌아보면 아나운서 면접과 국정원 시험을 거친 경험 덕분이었던 것 같다.

아나운서 면접은 작은 오독 하나로도 탈락할 수 있었고, 국정원 시험은 실무와 인성 면접, 신원조회, 거짓말 탐지기까지 포함된 혹독한 과정이었다. 그런 경험이 반복되면서 내면이 단단해졌고, 어떤 면접에서도 쉽게 긴장하지 않게 된 것이다.

그래서 면접 합격률을 높이고 싶다면, 아이러니하게도 당락에 관계없이 면접을 많이 보는 것이 유리하다. 면접이 어렵게 느껴지는 이유는 익숙하지 않기 때문이다. 낯선 사람들 앞에서, 낯선 공간에서, 낯선 질문에 반복적으로 노출되면 점점 익숙해지고, 자신감도 자연스럽게 따라온다.

드디어 내 차례가 되었다. 면접 장소로 들어서고 준비된 자리에 앉자마자 질문이 쏟아졌다. 국정원 출신이라는 특이한 이력이 호기심을 자극했던 듯했다. 아나운서를 하다가 정보기관에 들어갔고, 다시 기자를 하겠다고 지원한 이력은 누가 보아도 특이했다.

국정원 관련 질문은 상대적으로 수월했다. 이 부분에서는 '정보의 비대칭성'이라는 무기를 활용할 수 있었기 때문이다. 나는 그들보다 더 많이 알고 있지만, 동시에 그것을 공개할 수 없는 보안상의 한계가 있었다. 이 조건을 활용하면, 질문을 내게 유리한 방향으로 이끌 수 있다.

면접관　　국정원에서 어떤 업무를 하셨나요?

나　　　　(잠시 뜸을 들인 뒤) 아시다시피, 보안 사항이라 구체적으로
　　　　　　말씀드리긴 어렵습니다. 북한 관련 업무를 하면서 중요한
　　　　　　정보를 취득하고, 이를 분석해 활용하는 일을 했습니다.

이 짧은 대화에는 몇 가지 계산된 요소가 있었다. 우선, '잠시 뜸을 들이는' 제스처는 상대의 집중력을 끌어올리는 데 효과적이다. 많은 지원자를 본 면접관의 흐트러진 주의를 다시 나에게 집중시키는 장치였다. 또한 실제로 특별한 정보를 제

공하지 않았지만, '정보 취득→분석→활용'이라는 표현은 기자의 주요 업무인 '취재'와 '기사 작성'을 자연스럽게 연상시키게끔 유도했다.

정보의 비대칭성 덕분에 면접의 주도권은 나에게 넘어왔다. 이후의 질문도 모두 내가 통제하는 흐름으로 흘러갔다. 이제 본질적인 질문이 남았다. 바로 기자 경력에 대한 의문이었다.

"김섭 씨는 기자 경력이 없는데 우리가 뽑아야 할 이유가 있나요? 신입도 아니고 경력직인데? 기사 써본 적 없죠?"

충분히 예상했던 질문이었다. 사실 이런 질문은 오히려 하지 않으면 이상할 정도다. 당연히 이에 대비한 답변이 있었다.

"국정원 요원과 기자는 역할은 다르지만, 구조는 비슷하다고 생각합니다. 첩보 활동을 통해 정보를 수집하는 과정은 기자의 취재로 충분히 치환 가능하고, 이를 분석하고 보고서로 작성하는 일은 기사 작성과도 유사합니다."

이어서 말했다.

"국정원에서는 대통령도 보는 보고서를 작성해야 하기 때문에, 방대한 정보를 한눈에 들어오게 압축하고, 논리적 구조를 명확히 하는 훈련을 받습니다. 오히려 기사 작성보다 더 어려운 글쓰기라고 생각합니다."

논리적으로 납득 가능한 대답이었고, 분위기도 나쁘지 않았다. 그런데 갑작스러운 요구가 나왔다.

“그렇다면 여기서 실제로 기사 하나 써보시겠어요?”

당황스러운 요청이었다. 신입도 아니고, 7년 차에 가까운 경력자에게 현장에서 기사를 즉석에서 써보라는 요구는 조금 무리하게 느껴졌다. 하지만 이상하리만큼 나는 담담했다.

“네, 가능합니다. 빈종이 있을까요?”

마치 무릎 반사처럼 반응했다. YTN에서 경제 단신 정도는 직접 작성해본 경험이 있었기에, 단신 뉴스 정도는 큰 어려움 없이 써냈다.

면접관들은 그 기사에 대해 큰 평가를 하지는 않았다. 지금 돌이켜보면, 단신 하나로 기자로서의 역량을 판단하기는 어렵기 때문이다. 그럼에도 면접관들은 내가 어떤 태도로 면접에 임하는지를 통해 충분한 인상을 받았다고 생각한다. 어떤 압박 상황에서도 긴장하지 않고, 자신감 있고 당당하게 대처하는 태도. 그 태도에서 부족한 실무 경험은 채워질 수 있는 것이라 판단했을 것이다. 기자라는 직업의 무게를 감당할 수 있다는 계산이 그들 사이에 서 있었던 것 같다.

면접도 사람이 하는 일이다. 피면접자도 면접을 주도할 수 있다. 자기 자신을 냉정하게 분석하고, 면접관의 질문을 예측해 전략적으로 대응하며, 무엇보다도 순간순간마다 당당한 태도를 잃지 않는다면, 어떤 상황에서도 좋은 인상을 남길 수 있을 것이다.

글쓰기, 인간의 가장
근본적인 역량

흔히 기자는 글을 쓰는 사람이라 여겨지지만, 나는 그 정의에 절반만 동의한다. 물론 기자는 기록하고 쓰는 사람이지만, 이 업業에서는 '취재'라는 영역의 무게 또한 상당하다. 기자를 단순히 쓰기만 하는 직업이라고 생각하는 동료는 아무도 없을 것이다.

그럼에도 기자는 여전히 '쓰는 사람'에 가깝다. 특히 아나운서 출신인 내게는 방송국이라는 조직만 같았을 뿐, 기자라는 직무는 전혀 새로운 세계였다. 경력직으로 입사했기에 나는 곧바로 기사 쓰는 일에 투입되었고, 처음에는 익숙하지 않아 서툴렀지만 점차 적응해냈다.

말하는 직업으로 사회생활을 시작했지만 사실 나는 오래전부터 글쓰기에 더 익숙한 사람이었다. 학창 시절부터 교내외 글쓰기 대회에 나가 여러 차례 수상한 경험도 있었고, 무엇보다 글쓰기를 좋아했다. 마음이 복잡할 때 생각을 정리하거나, 굳이 다시 꺼내보지 않더라도 일상을 내 언어로 기록하는 것이 좋았다. 말은 할수록 에너지가 소진되는 느낌이라면, 글은 쓸수록 내 내면을 토실토실 살찌우는 감각이 있었다.

당연한 이야기지만, 글쓰기는 시대와 상관없이 늘 중요한 능력이다. 인공지능이 인간의 삶 전반에 깊숙이 영향을 미치고 있는 지금도, 글쓰기는 여전히 사회가 요구하는 핵심 역량 중 하나다. AI가 대신 써주는 시대라며 글쓰기가 덜 중요해진 것이 아니냐는 반문도 있을 수 있겠지만, 나는 오히려 그 반대라고 생각한다. 중요한 순간, 정말 중요한 메시지를 전달해야 할 때에는, 자신이 직접 쓴 글이야말로 가장 설득력 있고 신뢰받는 수단이 된다.

당신은 언제 글을 써야 했는가? 아마 대부분의 경우, 다소 긴장되는 순간이었을 것이다. 누군가에게 중요한 의사를 전달해야 하거나, 어려운 결정을 설명해야 할 때였을 것이다. 그런 순간, 사람들은 답답한 마음에 구글을 검색하거나 AI에게 도움을 요청하곤 한다. 그러나 고작 글 하나 쓰는 일인데 왜 그렇게 어려움을 느낄까? 그 글이 당신의 입장을 대변하고, 상대를 설득하고, 결과적으로는 당신의 기회를 좌우할 수 있기 때문이다.

좋아하는 사람에게 보내는 고백 편지를 AI에게 맡기겠는가? 투자자에게 제출하는 기획서, 중요한 계약을 앞둔 제안 메일을 자동 생성된 문장에 의존하겠는가? 상대방이 그것이 AI로 쓴 글임을 알아차리는지 아닌지는 중요한 문제가 아니다. 핵심은, 중요한 순간에는 반드시 스스로 치열하게 사고한 끝에 정제된, '자기 손으로 쓴 글'이 가장 설득력 있고 신뢰를 줄 수 있다는 점이다.

모든 일은 글에서 시작된다

전 하버드대학교 교수이자 임상심리학자인 조던 피터슨은 "당신이 제대로 생각할 수 있고, 글을 쓸 수 있다면, 당신의 앞길을 막을 수 있는 것은 아무것도 없다"고 말했다. 그러나 역설적이게도 우리는 글쓰기를 잘 배운 적이 거의 없다. 초등학교부터 고등학교까지 12년의 학교 교육을 돌아보면, 글쓰기를 제대로 체계적으로 배운 기억이 있는가? 언제나 잘 쓰는 몇몇 친구들이 상을 받았고, 나머지 학생들은 글쓰기의 기회를 충분히 보장받지 못한 채 수업을 지나쳤다. '책을 많이 읽어라' 같은 간접적인 조언만 들었을 뿐, 사고하고 표현하는 글쓰기를 제대로 가르쳐주는 교육은 없었다.

반면, 세계 최고의 인재들이 모이는 하버드대학은 글쓰기 수업을 필수로 이수하게 한다. 사회의 리더로 성장하기 위해서는 설득력 있는 논리와 표현력이 필요한데, 사고하는 글쓰기가 그 능력을 키워주는 가장 효과적인 방법이기 때문이다.

더 나아가 탁월한 글쓰기 능력은 원활한 커뮤니케이션의 원천이며, 소통 능력은 리더가 갖춰야 할 필수 조건이라 여긴다.

하버드의 교육 방향은 이런 철학을 바탕으로 글쓰기 교육을
매우 중시한다. 글쓰기도 배우고 연습해야 성장할 수 있는 영
역인 것이다.

글쓰기는 노력 없이 저절로 생기는 능력이 아니다. '책을 많
이 읽으면 글을 잘 쓴다'는 말도 절반만 맞는 이야기다. 책을
읽고 생각하고, 그것을 자기 언어로 소화한 뒤, 고통스러운 글
쓰기 과정을 거쳐야만 진짜 글쓰기 실력을 갖추게 된다.

일상의 영역으로 시선을 옮겨보자. 직장생활에서 글의 무게
는 생각보다 훨씬 무겁다. 나는 아나운서나 기자로 일할 때는
글쓰기에 능한 사람들 사이에 있었기에 어려움을 느끼지 못했
다. 하지만 이후 스타트업 회사의 임원으로 일하면서, 조직 안
에서 글쓰기가 얼마나 많은 이들에게 부담이 되는지 실감하게
되었다.

회사의 문화나 업무 성격에 따라 다르겠지만, 보통 직장인들
이 초반에 가장 어렵다고 느끼는 업무 중 하나가 내부 보고자
료를 작성하는 일이다. 자신이 수행한 업무를 일간, 주간, 혹은
월간 단위로 상사에게 보고하는 이 과정은 생각보다 까다롭고
어렵다.

'성과가 중요하지, 보고가 뭐 그리 중요한가?'라는 생각이
들 수도 있지만, 그건 명백히 오해다. 회사에서 가장 중요한 건
경영 판단이고, 그 판단은 보고서를 근거로 이루어진다. 보고
자료가 엉망이라면, 그에 따라 내려진 판단도 어긋날 수밖에

없다. 한 사람의 글이 회사 전체의 방향성을 바꿀 수 있다는 뜻이다.

보고서는 명확한 목적과 철저한 독자 지향성으로 작성되어야 한다. 보고를 '받는 사람'의 입장을 가장 먼저 고려해야 한다는 뜻이다. 보고서 잘 쓰는 팁을 말하려는 건 아니지만, 이처럼 보고서를 쓰는 일 하나에도 얼마나 많은 사고와 고민이 필요한지 알 수 있다.

직장에서는 보고서뿐 아니라 외부로 보내는 이메일 역시 중요하다. 고객이나 협력사에게 보내는 메일은 회사에 대한 이해를 바탕으로 간결하고 명확하게 작성되어야 한다. 내 글을 읽는 이가 누구인지, 그가 어떤 정보를 얻고 싶은지 끊임없이 고민하면서 써야 하는 것이다.

혹자는 말할지도 모른다. "나는 그런 딱딱한 회사에 다니지 않아. 그리고 지금은 영상의 시대야. 글이 무슨 소용이냐고." 충분히 그럴 수 있다. 하지만 내가 누구인가. 방송 기자 출신이다. 영상물이 주가 되는 이 시대에도, 보기 좋은 콘텐츠일수록 그 이면에는 더 철저한 기획과 정제된 글이 자리하고 있다. 영상의 뼈대를 이루는 개요와 시나리오, 그 모든 것이 글로부터 시작된다는 사실을 나는 누구보다 잘 알고 있다. 그렇기에 나는 글이라는 수단이 우리가 커뮤니케이션을 할 때 얼마나 중요한지, 아니, 가장 중요한 수단이라고 확신한다.

나 역시 말을 생업으로 삼았던 사람이다. 말의 무게 또한 결코 가볍지 않다는 것을 안다. 하지만 글은 차원이 다르다. 그것은 보다 정제되고 깊은 사고의 산물이자, 오래 남는 기록이다. 말은 바람처럼 사라지지만, 글은 흔적을 남기고, 의미를 담는다.

나의 지식, 나의 생각은 글로 써보아야만 비로소 온전히 내 것이 된다. 혼자서 수없이 고민하고 구조화하고, 마침내 문장으로 표현해낼 때 비로소 그 생각은 단단해지고, 설득력을 얻는다. 글쓰기는 번거롭고 불편하다. 그러나 그 불편함을 이겨내야, 남들과는 다른, 나만의 특별한 가치를 전달할 수 있다.

글을 잘 쓰기 위한 4가지 팁

그렇다면, 글을 잘 쓰기 위해서는 무엇을 어떻게 해야 할까? 다음의 네 가지를 강조하고 싶다.

첫째, 충분히 생각하고 써야 한다. 글쓰기의 시작은 사고다. 지금은 단문의 시대다. 대부분의 글이 메신저나 SNS를 통해 짧게 쓰이다 보니, 깊이 있는 사고 없이 글을 쓰는 습관이 자연스럽게 자리 잡았다. 그렇다 보니 긴 글을 써야 할 때면 당황하게 된다. 무작정 쓰기 시작하면 어느 순간 내가 무슨 이야기를 하고 있는지도 모르고, 글의 방향도 잃기 쉽다.

좋은 글의 80%는 쓰기 전 충분한 사고와 개요의 설계에서 비롯된다. 나 역시 기자 시절, 리포트를 쓸 때 가장 많은 시간을 쓰는 부분은 '어떻게 쓸 것인가'였다. 2분 30초짜리 기사 하나를 쓰는 데에도, 최소 30분, 때로는 한 시간 넘게 구조를 설계하고 논리를 정리한 뒤에야 문장을 쓰기 시작했다. 글쓰기 자체는 오히려 시간이 적게 들었다. 즉, 사고에 투자한 시간이 길수록 글은 훨씬 더 간결하고 명확해진다.

2017년, 트럼프 대통령이 평택 기지를 방문했을 때 그에 관한 기사를 작성한 적이 있다. 뉴스 자체는 단순한 외교 일정에 불과했지만, 어떤 장면을 강조할지, 두 정상의 어떤 발언을 인용할지, 영상은 어떤 앵글로 구성할지를 고심하며 한 문장 한 문장을 결정해 나갔다. 그 모든 과정이 바로 글쓰기 전 사고의 힘이다.

둘째, '보는 사람'의 시각을 의식해야 한다. 내가 전달하고자 하는 것이 아니라, 상대방이 무엇을 궁금해하고 어떤 언어를 이해하는지를 먼저 고려해야 한다. 이는 모든 글쓰기의 기본이자, 본질이다. 예컨대 공영방송 기자는 초등학교 5학년 수준의 이해력으로도 받아들일 수 있는 문장을 써야 한다. 누구나 알아듣게 쓰는 글, 쉬운 언어로 정확하게 쓰는 글이야말로 제대로 된 글이다. 보고서든 뉴스 기사든, 이메일이든 마찬가지다.

셋째, 육하원칙에 충실하되, 문장 내부의 논리 구조도 세심히 챙겨야 한다. 특히 주어와 서술어의 호응이 맞는지, 문장이 길어질수록 흐름이 끊기지 않는지 점검할 필요가 있다. 종종 글이 어딘가 어색하거나 이해하기 어렵게 느껴지는 이유는 문장의 구조가 어긋났기 때문이다.

이번 프로젝트의 진행 상황과 예산 집행 내역을 담당 부서장이
검토하고 필요한 조치를 취해야 한다고 판단했다.

위 문장은 어딘가 이상하다. 문맥상 누가 판단한 것인지가
불분명하다. 주어와 서술어가 맞지 않기 때문이다. 더 명확하
게 쓰자면 이렇게 바꿔야 한다.

담당 부서장은 이번 프로젝트의 진행 상황과 예산 집행 내역을
검토한 뒤 필요한 조치를 취해야 한다고 판단했다.

이처럼 문장이 길어질수록 논리적 흐름과 구조에 각별히 신
경 써야 한다.

마지막으로, 퇴고는 글쓰기에서 필수다. 글을 완성하고 나면
누구나 뿌듯함을 느낀다. 하지만 반드시 다시 읽고 다듬어야
한다. 기사든 보고서든, 초안 그대로 내보내는 법은 없다. 글을
써놓고 다시 읽어보면 반드시 고칠 점이 보인다. 문장의 어색
함, 단어의 부정확함, 불필요한 반복이나 지나친 설명 등 다양
한 문제가 퇴고 과정에서 발견된다.

퇴고는 고통스럽다. 이미 써놓은 글을 다시 들여다보고 수정
한다는 건 에너지 소모가 크고, 때로는 자존심도 상할 수 있다.
그러나 바둑에서 '복기'를 통해 실력을 키우듯, 글쓰기에서도
'복기'는 성장의 열쇠다. 수정을 반복하고, 덧칠하고, 불필요한
것을 과감히 지워내는 과정에서 글은 비로소 살아난다. 좋은

글은 단숨에 쓰는 것이 아니라, 수차례의 퇴고를 거친 끝에 완성된다.

글은 어쩔 수 없이 무겁다. 글은 사라지지 않고 남기 때문이다. 문자는 맥락을 부여하고, 시간의 벽을 넘어 읽히며, 누군가에게 영향을 준다. 그것이 트위터의 단문이든, 사내 보고서든, 연인에게 보내는 짧은 메시지든, 한 줄 한 줄의 글은 그 사람의 사고, 인격, 진정성의 총합이다.

그렇기에 나는 오늘도 글을 쓴다. 말로는 부족한 것을, 글로써 채우기 위해. 설득하고, 기록하고, 설명하고, 때로는 위로하기 위해. 당신이 이 무게를 감당할 수 있는 글을 써낼 수 있다면, 당신은 훌륭한 커뮤니케이터이자, 분명 원하는 성취를 이끌어낼 수 있는 사람일 것이다.

스페셜리스트이면서 제너럴리스트가 되어야 한다

MBC에 입사한 첫날, 인사팀 직원과 함께 7층 보도국으로 올라갔다. 하나의 거대한 보도국 같았던 YTN에서 일했던 경험이 있어서인지 많이 긴장되진 않았다. 긴장이 되지 않았던 또 하나의 이유는 일반기자로 입사하는 게 아니었기 때문이었다. 국정원에서 일하면서 수집하고 분석한 정보들, 북한의 모든 정보가 모이는 곳에서 일하다 보니 상대적으로 북한에 대해 잘 알 수밖에 없었다. 그래서 독특하게도 '북한 전문기자'로 입사했다.

일반기자는 사회부, 정치부, 국제부 등을 돌며 다양한 현장을 경험하고 사건사고나 정당, 청와대, 산업 이슈 등 폭넓은 주제를 취재한다. 반면, 북한 전문기자는 출입처 자체가 한정적이다. 통일부, 외교부, 국방부, 국정원 등 북한과 관련된 기관

위주로 출입하며, 자연스럽게 북한 관련 이슈에 집중된다. 그러다 보니 조직 안에서는 현장 취재를 뛰는 리포트 중심 기자라기보다는, 상황을 해석하고 분석하는 역할에 가까운 사람으로 여겨지기도 한다.

입사 당시에도 선배들은 나를 그렇게 받아들였다. 북한에 대해서만큼은 누구보다 잘 알겠거니 하고 생각했고, 북한에서 무슨 특별한 동향이 생기면 나를 찾았다. 마침 입사 시점이었던 2017년은 미국과 북한의 첨예한 갈등이 있었던 때였다. 트럼프와 김정은의 말폭탄 주고받기부터 북한의 미사일 발사 동향 등, 곧 전쟁이라도 일어날 것 같은 분위기였다. 하루가 다르게 북한 관련 이슈가 터졌고, 입사하자마자 나름의 실력 발휘를 할 기회가 많아졌다.

입사한 지 한 달쯤 되었을 무렵, 북미 간 정세가 급변하면서 북한 전문기자가 나서야 할 상황이 되었다. 회사 메인 뉴스인 8시 〈뉴스데스크〉에 출연하라는 연락을 받았다. 생각해보면 아무리 북한 전문기자라지만, 입사한 지 한 달 만에 그것도 지상파 방송에 출연한다는 건 내 전문성을 나름 믿어준 부분도 있지만 그만큼 상황이 긴박했기 때문이라고 생각한다.

'북미 간 대화 가능성 및 한미 대북 정보 공유 상황'을 주제로 한 문답 형태의 기사였다. 여러 기관에 취재가 가능한 영역까지 알아보고, 북한에서 나온 지금까지의 대외 메시지를 종합해봤을 때 과거 국정원에서 북한 정보를 취급했던 사람으로

서의 해석과 해당 분야 교수들의 중론을 바탕으로 기사를 작성했다.

기사에 대한 반응은 뜨거웠다. 다음 날까지 네이버 메인에 내 기사가 오르기도 했다. MBC에 오기 전 기자 경력이 전무했던 터라 말은 안 해도 나름의 의구심을 가질 만한 동료 및 선후배들이 있었을 텐데, 확실히 북한이라는 명확한 전문성이 있다 보니 북한 이슈에 대해서 만큼은 인정하는 분위기였다.]

갑자기 국회에 출입하라고요?

그러다 어느 날, 예상치 못한 일이 생겼다. 출근하자마자 부장님이 "섭아, 당분간은 국회에 좀 출입하자"라고 했다. 정치부에 기자가 부족하다는 게 이유였다. 국회는 내 전문 분야가 아니었기 때문에 꽤나 당황스러웠다. 외교·안보나 한반도 정세, 북한과 관련해서는 자신 있었지만, 국회라면 여의도 정치 문법 등 전혀 모르는 세계였다. 그 말을 듣고 여의도로 향하는 지하철 안에서 검색창에 '국회 말진 기자'라고 입력할 정도였으니 말이다.

그만큼 낯설고 막막했다. 내가 할 수 있을까? 겉으로는 태연했지만 속으론 그런 고민이 떠나지 않았다. 그래도 새로운 상황에 놓이는 걸 두려워하기보다는 즐기는 타입이었기에, '피할 수 없으면 즐겨라'를 적용해 보기로 마음먹고 국회로 출근했다.

역시나 첫날부터 모든 게 다 생소했다. 말진(막내)으로 야당을 맡았는데, 국회의원 얼굴과 이름도 제대로 구분 못하는 초짜다 보니 원내대표 회의에 들어가서 워딩(받아쓰기) 따는 것도 쉽지 않았다. 옆에서 열심히 워딩을 적고 있는 타사 기자들에게 물어물어 위기를 모면했다. 하늘이 무너져도 솟아날 구멍이 있다더니, 적극적으로 도움과 조언을 주는 선배가 있었다.

"국회에는 '꾸미'부터 구해야 해. 너 꾸미 없지?"

'꾸미'가 뭐지? '꾸미'라는 용어를 쉽게 설명하자면 각 언론사의 기자들이 모여 있는 '기자 그룹' 정도로 정의할 수 있다. 기자들, 특히 말진들은 당대표, 원내대표 등 당 지도부 및 주요 인사들의 발언을 받아쓴 뒤 자사 국회 출입기자들과 공유하고, 필요한 경우 기사화해야 한다. 이게 말이 쉽지, 모든 의원들의 발언을 토씨 하나 안 틀리고 정확히 받아쓰는 건 물리적으로 불가능에 가깝다.

여기서 꾸미의 1차 역할이 발휘된다. 기자들은 꾸미 단톡방에 각자 받아쓴 내용을 올리며 서로 크로스 체크하고 공유한다. 그러다 보니 미처 챙기지 못한 현장이 생길 때 꾸미는 정말 고맙고 든든한 동료다. 경쟁이 치열한 기자 사회지만, 이 공간에서만큼은 이상하게도 정보 공유가 자연스럽게 이루어졌다. 타사와의 경계를 잠시 허물고 같은 언어를 쓰는 사람들로서 서로를 돕는 협업의 문화가 인상 깊었다.

하루가 순식간에 지나갔다. 6시에 출근해서 조간을 정리하고, 최고위원회의나 원내대표 회의에 참석해 워딩을 작성하고 보고한다. 그리고 나선 단신 기사를 작성하고, 종종 꾸미에서 잡힌 오찬 모임을 가기도 한다.

끝이 아니다. 오찬에서 복귀하면 오후에는 당에서 논평과 브리핑이 쏟아지기에 직접 챙기거나 해야 한다. 〈뉴스데스크〉 리포트 기사를 써야 하면 이때부터는 전쟁이다. 앵글을 어떻게 잡을지, 아직 방송 스크립트 기사를 쓰는 게 익숙하지 않기에 데스크 선배에게 보낼 기사를 마감 직전까지 끙끙 앓다가 송고한다.

그리고 나면 데스크에서 내 기사를 편집하는 사이 나는 다시 보도국으로 서둘러 복귀해야 한다. 출고된 기사의 오디오 녹음, CG실 제작 의뢰, AD 후배들에게 맡긴 의원 싱크 확인, 마지막으로 영상실에서 최종 영상 작업 검수 후 생방에서 제대로 송출되는 것까지 확인하면 하루 일과가 대략 끝난다. 그렇게 자사, 타사 할 것 없이 선배들의 도움으로 국회 출입기자로서 빠르게 적응할 수 있었다. 기자 경력이 없던 나에게 여의도를 넘어 기자들 전반의 문법을 알게 해준, 없어서는 안 될 경험이었다.

기사라는 것은 단순히 사실을 전하는 것이 아니라, 그날의 흐름을 관통하는 시선을 담아야 한다는 점, 방송 리포트에서는 화면과 자막, 싱크, 오디오가 어떻게 조화를 이뤄야 시청자에게 메시지가 전달되는지를 체득하는 시간이었다. 말과 글이 전부인 줄 알았던 기자 생활에 '화면 언어'라는 개념이 존재한다는 걸 깨달았다.

'난 북한 전문기자니까 외교 안보 쪽만 할 거야.'

내 전문 분야만 잘하면 된다는 생각으로 입사했었다. 분명 북한이란 분야에서 두각을 나타내는 데는 큰 문제가 없었지만, '방송기자'의 이해도나 전문성은 크게 없었기 때문에 아마도 국회 출입기자로서의 경험이 없었다면 기자로서의 사고의 폭이나 취재하는 방식이 과거 경력에 머물러 있었을 것이다.

다음 장에서 이야기하겠지만 이후 런던 BBC 본사에서 일할 수 있었던 것도 북한 스페셜리스트이긴 했지만, MBC에서 국회 출입 기자와 국제부에서 일했던 경험이 모두 큰 도움이 되었다.

국회 출입기자로 알게 된 의원, 보좌관, 그리고 타사 기자 등 네트워크가 늘어나니 모두 다 취재의 자산이었다. 국제부에서 일할 때는 반강제적으로 외신에 익숙해지다 보니 BBC에 입사할 때는 물론, 현지에서 적응할 때도 외신 환경에 빠르게 적응하는 데 큰 역할을 했다.

직급이 높아질수록 제너럴리스트가 되어야 한다

최근 취업시장에서는 직무 선택이 굉장히 중요해졌다. 아니, 가장 중요하다고 얘기해도 과언이 아닐 정도로, 뽑는 회사 입장에서도 그 직무에 꼭 들어맞는 사람을 뽑고 싶어하고, 뽑히는 사람도 합격이 되면 그 직무를 기대하고 회사에 오게 된다.

다시 얘기하지만 해당 직무에 대한 전문성은 반드시 있어야 한다. 회사에서 꼭 필요한 사람이 되려면 그 일을 누구보다 잘 해야 하고, 그게 바로 그 사람을 먹여 살리는 '킬러 콘텐츠'라고 생각한다. 개발자 포지션을 뽑는데 관련 전문지식이 부족하면 합격하기도 어렵겠지만, 된다고 하더라도 회사 생활이 순탄치 않을 것이다. 누구보다 개발에 대한 이해도가 높고 해당 분야에 대해 성과를 보여준다면 탄탄한 기반에서 성공적인 회사생활을 할 수 있을 것이다.

하지만 회사는 상황이 늘 똑같지는 않다. 요즘은 회사들도 연관 없는 직무를 시키지 않는 편이지만 그래도 유사한 직무를 맡기는 경우는 종종 있다. PR 부서로 입사했는데 리스크 매니지먼트 부서로 발령이 날 수 있는 것처럼 입사 경력이 높을수록, 직급이 올라갈수록 내가 해내야 하는 업무가 충분히 달라질 수 있다.

회사 입장이 아닌 본인 스스로에게도, 당신이 이미 스페셜리스트라고 생각할 만큼 본연의 특출난 직무가 있는 사람이라면 제너럴리스트가 되기 위해 직무의 외연 확장을 해보는 건 역량적으로 성장하는 데 굉장히 좋은 시도라고 생각한다. 예를 들어 개발자가 기획 파트나 재무 파트에서 일해 볼 수 있다면 환상적일 것이다.

회사의 전체적인 의사결정이 어떻게 이뤄지는지, 어떤 판단으로 자금을 집행하는지 직접 보고 배우고 결정해볼 수 있는 자리이기 때문에 회사에 대해 누구보다 잘 아는 사람으로 성장할 수 있다. 그렇다면 추후 더 많은 승진의 기회뿐만 아니라 임원까지도 맡을 수 있는 역량이 생길 수 있다. 스페셜리스트는 자기 분야의 입장에서 해결책을 제시할 수 있지만, 제너럴리스트는 좀 더 회사 입장에서 다양한 측면을 고려해 해결 방법을 생각하기 때문이다. 다른 팀과 소통할 때도 제너럴리스트의 유기적인 사고가 원활함을 더해줄 것이다.

한 가지에 스페셜리스트이면서 동시에 제너럴리스트가 되어라. 이 말은 모순 같아 보이지만, 사실은 생존, 나아가 본인의 정한 목표를 이루는 데 아주 현실적인 커리어 전략이다. 지금 무언가를 준비하고 있는 20~30대에게 말해주고 싶다. 내 비장의 무기, 내 분야의 전문성을 갖추기 위해 과감하게 투자하고 탕진하라. 배우고 보고 느끼고 훈련받는 데 시간과 돈, 모든 걸 아낌없이 쏟아부어라. 그리고 회사에서 5년차가 넘었다면 제너럴리스트가 되기 위해 준비하라. 낯선 부서를 가더라도 돈을 받고 배운다는 마음으로 부딪혀보라.

실수를 안 하는 것보다
대처가 더 중요하다

나는 웬만해서는 감정의 기복 없이 침착하게 대응하는 편이다. 돌발적인 사건이 발생해도, 누군가 예기치 못한 질문을 던져도, 쉽게 당황하거나 흔들리지 않는다. 감정이 요동치지 않고 평정심을 유지하는 내 성향은 커리어를 이어오며 강점이 된 경우가 종종 있었다. 침착함은 단순히 분위기를 진정시키는 데에만 유용한 것이 아니라, 성과와도 밀접한 연관이 있다. 위기 속에서도 냉정하게 판단할 수 있다는 것은 곧 문제를 해결할 수 있는 가능성을 높이는 것이기 때문이다.

중간·기말고사를 떠올려보자. 평소 공부를 잘하던 친구가 막상 시험장에서 긴장한 나머지 제 실력을 제대로 발휘하지 못하는 모습을 종종 볼 수 있었다. 그때 나는 실력 자체보다도 실전에서의 평정심이 얼마나 중요한지를 처음으로 실감하게 되었다.

그런 침착함이 빛을 발한 경험 중 하나는 고등학교 2학년 체육 실기 시험 때였다. 시험 종목은 '공 멀리 차기'. 남고에서 축구란 거의 종교에 가까운 존재다. 점심시간이면 운동장은 늘 축구공을 찬 학생들로 가득했고, 누구나 축구를 제법 한다고 자부했다. 우리 반에도 그런 친구가 있었다. 그는 공을 뻥뻥 시원하게 찼고, 실기시험이 다가오자 우리는 모두 그의 시범을 따라하며 연습했다.

시험 당일, 대부분 친구들이 무난히 만점을 받았다. 하지만 정작 그 축구 잘하던 친구는 지나친 긴장 탓에 1차, 2차, 3차 시도 모두 실축했다. 그 친구의 실력은 누구나 인정했기에 체육 선생님도 특별히 한 번 더 기회를 줬지만, 결과는 같았다. 그는 만점은커녕 평소 실력의 절반도 못 보여주고 돌아서야 했다. 나는 이 장면을 오래도록 기억한다. '평소 실력'이 중요한 게 아니라, 그 실력을 발휘할 수 있는 '침착함'이 더 중요하다는 걸 깨달은 순간이었다.

사회생활을 하면서도 침착함은 나를 여러 번 구해주었다. 특히 아나운서 시험에서 그랬다. 대부분의 방송사 시험은 서류를 통과하면 1차 전형으로 '카메라 테스트'를 진행한다. 준비된 원고를 즉석에서 읽는 형식인데, 주어진 예독 시간도 짧고 내용도 낯설어 긴장하기 쉽다. 읽다가 버벅이거나, 목소리가 떨리는 경우도 많다. 그런데 나는 그 순간에도 떨지 않고 평소처럼 읽어냈다. 누가 "당신은 왜 합격했다고 생각하나요?"라고 묻는다면, 나는 주저 없이 "침착함"이라고 답할 것이다.

그렇다고 처음부터 잘했던 건 아니다. 오히려 어릴 적의 나는 앞에 나서는 걸 극도로 꺼려했다. 아나운서 시험장에서 떨지 않았던 것도, 반복적인 노출과 실전 경험을 통해 체득한 결과였다. 어릴 때부터 학급 대표나 회장 선거에 꾸준히 나가고, 크고 작은 무대에 서면서 긴장감을 조금씩 익숙한 감정으로 받아들였다.

처음에는 떨리고 숨이 차오르지만, 자주 경험하다 보면 그 감정조차 컨트롤할 수 있게 된다. '침착함'은 익숙함에서 비롯된다. 긴장되는 순간을 반복적으로 경험할수록, 오히려 나중에는 그 순간을 즐길 수 있게 된다. 그렇게 성취는 자신감으로 바뀌고, 자신감은 다시 침착함의 밑거름이 된다.

"섭아, CG 숫자 틀렸어"

그러나 크게 흔들릴 뻔했던 경험이 있다. MBC 국회 출입기자로 일하던 시절, 뉴스 리포트의 CG 수치를 잘못 전달해 생방송 직전 위기를 맞았다. 기자가 쓴 기사에 들어가는 CG는 뉴스에서 전달되는 숫자, 통계, 핵심 개념을 시청자들이 한눈에 이해할 수 있도록 돕는 중요한 시각 자료다.

MBC 뉴스는 생방송 전에 미리 영상 편집을 마쳐야 하기에 시간 관리가 매우 철저하다. 방송사고 방지를 위해 영상과 오디오가 완벽히 맞아야 하며, 이 과정에는 여러 팀이 협업해야 한다. 즉, 한 사람의 실수가 전체 편성에 영향을 줄 수 있다.

나는 평소처럼 기사를 작성하고, 관련 CG 내용을 기획해 CG실에 전달했다. 그리고 본사로 돌아와 오디오 녹음을 하고 있었다. 마감까지 약 20분 정도 남은, 비교적 여유 있는 시점이었다. 그때 갑자기 선배 기자에게서 전화가 왔다.

"섭아, CG 숫자 틀렸어. 확인했어?"

그 순간, 머릿속이 하얘졌다. 심장이 덜컥 내려앉았다. 그날 내가 맡은 기사는 정치 분야였다. 〈뉴스데스크〉 방송 초반, 다섯 번째 리포트에 배치된 중요 기사였다. MBC는 방송사고를 막기 위해 VCR을 활용해 뉴스 리포트를 아날로그 방식으로 녹화한다. 그러니 CG에 오류가 생기면 녹화 자체가 지연되고, 방송 순서까지 밀리게 된다. 마감까지 20분 남짓 남은 상황에서 CG가 틀렸다는 사실은, 거의 재난에 가까운 비상사태였다.

순간 내 다리는 얼어붙고 머릿속은 백지가 됐다. 상황을 정리하려 해도 판단이 서지 않았다. 마치 갑작스럽게 교통사고를 당한 것처럼, 아무것도 할 수 없었다. 그러고 있던 찰나, 선배가 다시 전화를 걸어 말했다.

"섭아, 방송 펑크 나도 돼. 예비 기사 있으니까 괜찮아. 긴장하지 말고 CG실 가서 죄송하다고 하고, 다시 맡기고 와. 내가 기사 순서 조금 뒤로 미뤄볼게. 침착하게, 알겠지?"

의외였다. 평소 그 선배는 무섭기로 유명했다. 나에게도 평소에 사소한 실수에도 일침을 날리던 분이었다. 어떤 날은 퇴근 후에도 심하다 싶을 정도로 소위 '갈굼'을 당했고, 어쩔 땐 3분마다 전화를 걸어 의원 일정을 확인하라고 몰아세우기도 했다. 일에 대해서만큼은 자비가 없는 냉정한 선배였다.

그런 선배가, 이처럼 큰 실수가 발생했는데도 아무런 힐난 없이 "괜찮다"고 말한 것이다. 어떠한 분노의 기색도 없이 말이다. 선배의 그 한 마디가 나를 붙잡아주었다. 그 말 덕분에 금세 정신을 차릴 수 있었고, CG 수정 요청부터 영상 편집, 재녹화까지 20분 내에 모든 일을 마쳤다. 다행히 방송은 제 순서에 나갔다.

시간이 지난 뒤, 선배에게 물었다.

"그날 왜 화 안 내셨어요?"

그 선배는 이렇게 말했다.

"화낸다고 상황이 나아지니? 그땐 너가 긴장한 게 느껴져서, 일단 침착하게 만들어야겠다는 생각이 들었지. 그리고 섭아, 네 실수 하나로 우리 회사 안 망해. 우리가 팀인데, 누구든 매꿔줄 수 있어. 그렇다고 사고 자주 치면 신뢰감이 떨어지니 앞으로는 진짜 정신 똑바로 차리고."

그 말은 단순한 격려가 아니라 조직 안에서 실수가 어떻게 보완되는지를 알려주는 교육이었고, 한편으로는 내가 다시 일어설 수 있도록 배려해준 값진 조언이었다. 이후에도 당황스러운 상황들을 종종 마주했지만 그 사건을 계기로 나는 위기 상황에서 침착함을 유지하는 나만의 방법을 익히게 되었다.

어떻게 침착함을 유지할 수 있을까?

첫 번째는 내가 완벽하지 않다는 사실을 인정하는 것이다. 실수를 하지 않겠다는 강박이 강할수록, 예기치 못한 상황에서의 충격은 더 커진다. '나는 항상 잘해야 한다', '한 치의 실수도 없어야 한다'는 생각이 뿌리 깊게 자리 잡으면, 실제로 작은 오류 하나에도 당황하게 된다.

그런데 사람이라면 누구나 '휴먼 에러'를 낼 수 있다. 아무리 꼼꼼히 준비하고 확인해도 완벽하게 통제할 수 없는 변수는 늘 존재한다. 그래서 나는 처음부터 완벽함을 전제하지 않는다. 대신 '실수할 수도 있다. 그럴 땐 동료들에게 도움을 요청하자'는 마음가짐을 갖는다. 이건 자기 비하가 아니라 현실을 받아들이는 태도이자, 공동체 속에서 살아가는 사람의 기본 자세라고 생각한다.

내가 모든 걸 통제할 수 있다고 생각할수록 긴장감은 커지고, 일이 틀어졌을 때 당황하게 된다. 반면, 동료들이 있다는 사실을 잊지 않고, 도움을 받을 수도 있다는 여유를 갖고 있으면 마음의 긴장감이 줄어든다. 덧붙이자면, 동료에게 도움을 청하는 건 결코 민폐가 아니다. 사람은 본능적으로 '누군가를 돕는 것'에서 기쁨을 느낀다. 나 또한 그렇다. 동료가 어려운 상황에 처했을 때 내가 도울 수 있다면, 그 자체로 감사하다. 그러니 누군가의 도움을 받는 것 역시 기꺼이 받아들이는 자세가 필요하다.

두 번째는 업무 속도를 내 리듬에 맞추는 것이다. 사회 초년
생 시절, 주니어들은 여러 방향에서 동시에 일을 받는다. 상사
가 요구하는 일, 다른 부서에서 요청하는 협조, 갑작스러운 일
정 변경. 이런 상황에서 많은 신입들은 자신도 모르게 남의 속
도에 맞춰 끌려다니게 된다. 그러다 보면 정신없이 바쁜 와중
에 실수가 생기고, 그 실수로 인해 자신감이 꺾이고, 역량이 부
족한 사람처럼 보이는 악순환이 생긴다.

하지만 업무 속도를 내 리듬에 맞추면 상황이 달라진다. 처
음에는 답답해하는 선배도 있을 수 있다. 그러나 점차 그들도
나의 스타일을 이해하게 되고, 자연스럽게 업무 분장이 조정
된다. 나에게 맞는 속도로 일할 수 있다면, 사고력과 판단력이
유지되기에 실수도 줄고 완성도도 높아진다. 속도를 조절한다
는 건 '느리게 일한다'는 뜻이 아니다. 급한 일도 긴박한 일도
결국엔 내가 감당할 수 있는 범위 안에서 처리할 수 있도록 구
조를 짜고 시간을 분배하는 능력이다.

세 번째는 평소에 많이 보고 듣고 생각하는 습관을 갖는 것
이다. 임기응변이 뛰어난 사람들을 보면 대부분 평소에 다양
한 정보와 경험을 쌓아온 사람들이다. 어려운 상황에 직면했
을 때, 그 사람들의 침착함은 단순한 담대함이 아니라 축적된
데이터에서 비롯된 것이다. 나는 평소 정치, 경제, 사회, 법률,
예술 등 다양한 분야에 관심을 갖고 읽고 듣는 데 많은 시간을
쏟는 편이다.

이걸 직업적인 의무로 생각하지도 않고, 억지로 하는 일도

아니다. 그냥 알고 싶고 궁금한 게 많다. 얕고 넓게라도, 새로운 영역을 접하면 생각이 자란다. 그리고 그렇게 쌓인 지식은 결정적인 순간에 나를 도와준다.

나아가 정보를 소비하는 데 그치지 않고 생각하는 시간을 따로 확보하려고 노력한다. 정보를 정리하고 내 관점에서 재해석하는 시간은 사소해 보이지만 큰 힘이 된다. 혼자서 정리한 생각은 위기 상황에서도 나의 기준점이 되어주고, 불확실한 환경에서도 흔들리지 않을 수 있는 중심을 만들어준다. 이것이 침착함의 비결이다.

불확실한 상황에서 침착한 사람은, 사실 이미 머릿속에 여러 시나리오를 갖고 있다. 기자나 국정원 요원처럼 혼자서 판단하고 실행해야 하는 직무에서는 특히 이런 역량이 중요하다. 내가 문제를 해결하지 않으면 누구도 대신해주지 않는다.

침착함은 성격의 문제가 아니다. 반복된 경험, 유연한 사고, 자기 이해, 공동체와의 신뢰 속에서 자란다. 나는 지금도 업무 중에 위기 상황을 마주할 때마다 몇 가지 질문을 스스로에게 던진다.

1. 지금 이 상황, 정말 나 하나로 무너질까?
2. 내가 통제할 수 없는 외부 요인까지 내 책임으로 여기고 있지는 않을까?
3. 이 문제는 완벽하게 해결하지 않으면 안 되는 것인가, 아니면 적절한 선에서 조정할 수 있는가?

사람은 누구나 한 번쯤은 실수한다. 그 실수의 크기보다 중요한 건, 실수 이후의 태도다. 당황한 채 우왕좌왕하다가 상황을 악화시키는 것보다, '그럴 수도 있다'는 자세로 받아들이고 차분하게 다음 단계를 모색하는 사람이 더 멀리 간다. 내가 실수하더라도 팀이 무너지지 않음을 믿고, 반대로 동료가 실수했을 때 그를 감싸줄 수 있는 사람이 되려는 노력도 중요하다.

나는 지금도 부족한 점이 많다. 여전히 긴장하는 순간이 있고, 당황할 때도 있다. 다만 예전보다 그 감정을 조금 더 다룰 수 있게 되었을 뿐이다. 침착함은 태생이 아니라 훈련의 결과물이다. 그 훈련은 앞으로도 계속될 것이다. 인생은 언제나 예상 밖의 상황을 마주하게 마련이고, 우리는 그 속에서도 중심을 잃지 않아야 하기 때문이다.

좋은 질문이 모든 것을
결정한다

기자가 취재를 위해 가장 먼저 하는 일은 무엇일까? 기사를 쓰기 위한 사전 작업으로 개요를 작성한다든지 필요한 자료를 먼저 찾는다고 생각할 수도 있다. 물론 그런 경우도 있겠지만, 내 경우라면 가장 먼저 해당 분야를 잘 아는 전문가를 만나는 일을 택할 것이다. 현장에서 직접 전문가를 만나 대화를 나누고 그 자리에서 기사에 꼭 필요한 질문을 던지는 것, 그것이 내가 생각하는 취재의 출발점이다.

기자는 '글을 쓰는 사람'인 동시에 본질적으로 '질문을 던지는 사람'이다. 기자라는 업의 태생은 사회의 감시자 역할을 자처하는 데서 비롯되었다. 따라서 권력을 견제하고 국민의 알 권리를 보장하기 위해 끊임없이 질문을 던지는 사람이 바로 기자라고 할 수 있다.

버락 오바마 전 미국 대통령은 퇴임을 앞둔 마지막 기자회견에서 이렇게 당부했다.

"기자는 제게 어려운 질문을 해야 하는 사람들입니다."

이 말은 기자라는 직업의 본질을 정확히 짚어낸다. 기사는 기자들이 사회에 던지는 수많은 질문들을 통해 세상에 나온다. 따라서 훌륭한 기사는 언제나 '좋은 질문'에서 출발한다고 해도 지나치지 않다.

내가 북한 전문기자로 MBC에 재직하던 2017년은 북미 관계가 최악으로 치닫던 시기였다. 그만큼 바쁘게 움직여야 했다. 메인 뉴스에 나갈 리포트를 거의 매일 만들어내야 했다. 북한 기사는 다루기 어려운 영역 중 하나다. 북한은 직접 취재가 사실상 불가능하다. 따라서 정확한 출처를 찾아내고, 그 의도를 면밀히 분석해 사실에 입각한 기사를 생산해내는 일이 여간 어렵지 않다. 더구나 검증이 어렵다는 특수성이 마치 검증을 하지 않아도 된다는 관행으로 자리 잡아, 심각한 오보가 적지 않게 쏟아지는 경우도 많았다.

업계 내에서도 이에 대한 우려의 목소리가 끊이지 않았다. 그래서 나는 다양한 소스와 전문가의 의견을 교차 확인하기 위해 북한 관련 학자와 실무자들을 여럿 찾아가 만났다. 기사에 담길 정확성과 신뢰도를 높이고, 동시에 시청자가 이해하기 쉽도록 돕기 위해서는 무엇보다 양질의 질문을 사전에 꼼꼼하게 준비하는 과정이 필요했다.

이때 국정원 경험이 큰 도움이 되었다. 기자를 비롯해 일반 시민이 접근할 수 없는 북한 관련 정보를 취급했던 경험 덕분에, 당시 생각해내기 어려웠던 날카로운 질문들을 미리 준비할 수 있었다. 예컨대 북한 관련 휴민트가 제대로 관리되고 있는지, 미국 정부와는 북한 관련 정보를 얼마나 긴밀하게 공유하고 있는지, 나아가 미국이 독자적인 대북 정보망을 새롭게 구축하려 한다는데 이에 대한 당국의 입장은 무엇인지, 그리고 한미 정보 공조에 구조적인 문제는 없는지 등과 같은 질문들이었다.

아무리 사전에 질문지를 준비하고 완벽히 연습해 갔다 해도, 현장에서 소위 '좋은 질문'을 던지기 위해서는 준비된 질문지에만 매달려서는 안 된다. 상황에 따라 인터뷰이의 답변을 경청하고, 그 흐름에 맞게 순간적으로 새로운 질문을 던질 수 있어야 한다. 그것이야말로 진짜 살아 있는 질문이고, 현장에서 가장 큰 힘을 발휘하는 질문이다.

AI 시대, 질문 잘하는 것이 능력이다

기자가 좋은 기사를 만들기 위해 취재 대상에게 날카로운 질문을 던져야 하듯, 범위를 조금 넓혀 보더라도 질문을 잘하는 능력은 어느 분야에서든 인생의 중요한 성취를 이뤄내는 데 꼭 필요한 역량이다.

그렇다면 순간적으로 좋은 질문은 어떻게 나올 수 있을까? 좋은 질문을 던질 수 있다는 것이 단순히 순발력이 뛰어나거나 임기응변에 능한 사람들만의 전유물일까? 물론 한두 번은 그런 감각으로 위기를 넘길 수 있다. 그러나 매번 의미 있는 질문을 던지기는 쉽지 않다. 경청과 철저한 사전 준비, 이 두 가지가 어우러질 때만이 현장에서 유연하면서도 깊이 있는 질문이 가능하다.

노벨 물리학상을 수상한 미국의 물리학자 아이작 라비는 자신의 성공 비결을 묻는 기자의 질문에 이렇게 답했다.

"평범한 대부분의 어머니들은 아이가 학교에서 돌아오면 '오늘은 무엇을 배웠니?'라고 묻는다. 하지만 내 어머니는 달랐다. '오늘은 선생님께 어떤 좋은 질문을 했니?'라고 물으셨다. 바로 그 차이가 나를 과학자로 만들었다."

우리는 누구나 거창한 성취의 주인공이 되고 싶어하기 이전에, 평범함에서 벗어나 특별한 사람이 되고 싶어한다. 같은 개념은 아니지만, 창의적이고 독창적이며 비범한 사람이 되고 싶어하는 마음은 누구나 갖고 있다. 요즘 흔히 말하는 '관종'의 개념과는 다르다. 남들과 단순히 눈에 띄고 싶어서가 아니라, 비교우위를 가질 만큼의 차별성을 확보해야 경쟁 속에서 살아남을 수 있다는 의미에 더 가깝다.

오늘날처럼 AI가 탑재된 기술이 산업 전반에서 핵심적인 역할을 하는 시대에는 질문을 잘 하는 능력이 그 어느 때보다 중요해졌다. 과거에는 남들보다 더 많이 알고, 더 빨리 정답을 찾아내는 역량이 경쟁력이었다. 소위 '정답이 있는 시대'였다. 그러나 지금은 상황이 다르다. 예를 하나 들어보자. 다음 세대의 스마트폰은 반드시 지금 우리가 쓰고 있는 제품과 비슷해야 할까? 아니다. 우리는 끊임없는 혁신을 통해 새로운 것, 더 나은 것을 원한다. 따라서 과거처럼 단순히 데이터를 아는 것, 혹은 찾아내는 것은 더 이상 큰 의미를 갖지 못한다. 그래서 지금의 시대를 두고 사람들은 '정답이 없는 시대'라고 말한다.

이와 더불어 불과 몇 년 전까지만 해도, 코딩처럼 컴퓨터 언어를 다룰 수 있는 인재들이 채용 시장에서 각광을 받았다. 그러나 첨단 기술이 빠르게 고도화되면서 코딩 능력은 이제 AI가 휴먼 에러 없이 훨씬 완벽하게 수행해낸다. 그 결과, 더 이상 예전과 같은 대우를 기대하기 어렵게 되었다. 단순히 지식을 쌓고 뽐내는 것은 점점 의미를 잃어가고 있는 것이다.

외국어나 프로그래밍 같은 기술도 예외가 아니다. 아직은 일부 오류가 있긴 하지만, AI를 활용하면 원하는 정보를 단 몇 번의 클릭으로 정리해, 내가 원하는 포맷에 맞게 구현할 수 있다. AI에게 어떻게 질문하고 어떤 방식으로 명령하느냐에 따라 얻는 정보의 질은 완전히 달라진다.

의미 있는 답변을 이끌어내는 질문법

질문이 점점 더 중요해진 이유는 단순하다. AI의 능력은 사용자가 던진 질문의 수준을 절대 넘을 수 없다. 어떤 질문을 AI에게 하느냐에 따라 결과물, 즉 아웃풋은 하늘과 땅 차이가 난다. 그래서 나는 질문을 잘하는 능력, 곧 '질문력'이야말로 정답이 없는 지금 시대에 성취를 이끌어낼 수 있는 진짜 경쟁력이라고 확신한다.

내 경험을 바탕으로 '좋은 질문'을 잘하기 위한 방법을 말해보자면, 먼저 앞서 언급했듯 가장 중요한 전제 조건은 상대방의 말을 제대로 듣는 것이다. 내가 원하는 답이나 알아내고 싶은 정보에만 매몰되어, 미리 준비해둔 질문을 기계적으로 나열하는 수준에 그친다면 얻을 수 있는 답변은 뻔하고, 내용도 빈약할 수밖에 없다. 결국 제대로 된 정보를 얻지 못한 채 대화가 끝날 가능성이 높다.

국회 출입기자로 활동하던 시절을 떠올려 보면, 누가 좋은 질문을 하는지 현장에서 단번에 확인할 수 있었다. 특히 런던에서 기자 생활을 했던 경험과 비교하면 국내 기자들의 현장 질문은 아쉬운 점이 많았다. 많은 기자들이 의원들의 발언을 충분히 경청하고 그 맥락을 짚어 질문을 이어가기보다는, 미리 준비해둔 질문을 빠르게 던지는 데 급급한 경우가 많았다. 때로는 기자 본인이 취재 과정에서 정말 알고 싶은 정보가 아니라 회사나 데스크가 원하는 답변을 이끌어내기 위해 의무적으로 질문을 던지는 듯한 모습도 적지 않았다. 그러다 보니 정작 의미 있는 답변을 얻지 못하고, 인터뷰가 형식적으로 흘러가 버리는 경우가 많았던 것이다.

일반 회사에서도 비슷한 사례를 본 적이 있다. 신입 직원을 채용하는 면접 자리에서 한 임원이 요즘 유행하는 MBTI에 푹 빠지셨는지 이런 질문을 던졌다.

"본인 성격은 E입니까, 아니면 I입니까?"

그 임원이 정말 듣고 싶었던 건 단순히 E인지 I인지만이었을까? 질문이 지나치게 단순했다. 지원자는 너무도 순수하게 "저는 I입니다."라고 짧게 대답했다. 그리고 곧 이어진 정적. 흐르는 정적의 책임은 누구에게 더 클까? 단연코 닫힌 질문을 던진 임원 쪽이다.

이 질문을 열린 질문으로 바꾸어보자. "팀 프로젝트를 할 때 본인의 성격이 어떤 방식으로 강점으로 발휘되었습니까? 경험을 이야기해 주실 수 있나요?" 이렇게 묻는다면 훨씬 자연스러운 대화가 이어질 수 있다.

내가 만약 지원자였다면 이렇게 대답했을 것이다.

"거래처 영업을 두 달 안에 30개로 늘리는 팀 프로젝트가 있었습니다. 저는 비교적 외향적인 성격이라 거래처 사장님들을 직접 만나 먼저 저희 서비스를 설명하기보다는, 그분들의 고충을 경청하는 데 집중했습니다. 그러다 보니 자연스럽게 끈끈한 관계가 형성되었고, 몇 차례 직접 찾아뵙는 과정을 거쳐 두 달 안에 목표를 초과 달성할 수 있었습니다. 그 경험을 통해 비즈니스에서는 '신뢰'가 가장 중요하다는 것도 함께 배우게 되었습니다."

닫힌 질문은 답변을 짧게 만들지만, 열린 질문은 이렇게 답변의 내용을 풍성하게 만들어 준다. 질문의 방식이 바뀌면 대화의 질도 달라지는 것이다.

마지막으로, 질문은 한 번에 몰아서 던지기보다는 대화처럼 끊어서 하나씩 던져야 효과적이다. 상상해보라. 숨 쉴 틈도 없이 질문을 쏟아낸다면 상대는 무엇부터 답해야 할지 혼란스러울 것이다. 어떤 질문을 받았는지조차 기억하기 어려울 뿐더러, 양질의 답변이 나올 가능성도 낮다. 상대가 말을 잇기도 전에 질문을 쏟아붓는 것은 대화의 단절을 불러올 뿐이다.

이 원칙은 AI에게 질문할 때도 똑같이 적용된다. AI도 사람처럼 답변을 연산하는 순서와 단계가 있다. 같은 사안이라 하더라도 질문을 어떻게 구성하느냐에 따라 결과물의 퀄리티는 천차만별로 달라진다. 예를 들어, "이것도 해주고, 저것도 해주고, 그리고 이것도 부탁한다"는 식으로 큼직한 덩어리를 한꺼번에 던지면, 답변은 기대만큼 만족스럽지 못할 때가 많다.

반대로 질문을 하나씩 끊어서 던지고, 그 답변을 바탕으로 추가 질문을 이어가면 훨씬 더 깊고 풍성한 아웃풋을 얻을 수 있다. 마지막 단계에서는 내가 원하는 규격이나 틀을 구체적으로 제시해 정리해달라고 요청하면 된다. 이렇게 하면 훨씬 더 매끄럽고 체계적인 답변을 기대할 수 있다.

안타깝게도 우리나라 교육 현장에서는 여전히 질문하기를 크게 중시하지 않는다. 학생들은 질문을 잘하는 법을 배우지 못한 채 사회로 나가게 되고, 그 결과 어른이 되어서도 주어진 일을 충실히 수행하는 '산업의 역꾼'으로만 획일화되기 쉽다. 정답이 명확히 존재하던 시대까지는 근면과 성실, 그리고 약간의 지식만으로도 충분히 성장할 수 있었다. 그러나 이제는 상황이 다르다.

AI 시대는 예고도 없이 빠른 속도로 다가왔다. AI가 장착된 각종 첨단 기술을 도구 삼아 '왜(Why)'와 '어떻게(How)'라는 창의적인 질문을 던지고, 이를 바탕으로 해결책과 결과물을 만들어내는 기업과 국가가 세계를 선도하는 시대다. 그렇기에 "AI가 여전히 인간을 이길 수 없는 이유는 질문 때문이다"라는 말이 과언이 아니다.

정답을 넘어 새로운 가치와 원리를 발견하고, 나아가 새로운 시스템을 창조해내는 힘은 기존의 현상에 '사정없이' 던져지는 창의적인 질문들에서 비롯된다. 이는 개인에게도 마찬가지다. 창의적인 질문을 던질 줄 아는 사람이라면 자신뿐만 아니라 자신이 속한 조직까지도 목표에 도달하게 만들 수 있다. 질문은 곧 새로운 길을 여는 열쇠다.

모두에게 인정받으려다간
아무 일도 못한다

방송에 노출되는 아나운서나 기자로 일하다 보면 반드시 마주하게 되는 과정이 있다. 바로 모르는 사람들로부터 받는 불호不好의 감정이다. 처음 겪는 순간에는 누구나 당황하고 무기력해지기 마련이다. 심한 경우에는 '과연 내가 방송을 업으로 삼아 계속 살아갈 수 있을까?'라는 회의감에 빠져, 어렵게 들어온 회사를 스스로 떠나는 이들도 있다.

미디어 환경의 특성상 언론인은 끊임없는 평가의 대상이 된다. 그래서 '이런 삶은 숙명인가 보다' 하고 받아들이게 되는 순간도 있다. 물론 이유 있는 비판은 성장의 자양분이 되기도 한다. 하지만 근거 없는 비난이나 인신공격성 댓글은 다르다. 방송을 업으로 삼으며 강한 멘탈을 자부하는 사람들조차도 버티기 쉽지 않다. 아나운서들은 살면서 큰 비난을 받아본 경험이 많지 않아 이러한 악플에 더 취약할 수도 있다.

기자들도 다르지 않다. 어렵게 취재 과정을 거쳐 정성껏 완성한 기사에 인신공격성 댓글이 달리거나, 기사와 전혀 상관없는 정치적 색깔론이 끼어들어 원색적인 비난을 받으면 기분이 상하는 수준을 넘어 언론인으로서 크게 위축되곤 한다. 아무리 전문성을 갖추고 성실히 일해도, 불특정 다수의 날 선 평가 앞에서는 자신감이 무너지는 순간이 찾아오는 것이다.

성취란 세상 앞에 나를 드러내는 순간부터 시작된다. 글을 쓰든, 사람들 앞에 서서 발표를 하든, 기획안을 작성하든, 나의 작업과 이야기를 내놓아야만 비로소 성취의 문 앞에 선다. 그런데 세상 앞에 무언가를 내놓는 일에는 언제나 평가가 뒤따른다. 상사의 평가, 동료의 시선, SNS의 좋아요 개수, 댓글까지… 우리의 결과물은 끊임없이 타인의 잣대에 오르내린다. 하지만 그 평가가 항상 호의적일 수는 없다. 누군가는 박수를 보내지만, 또 누군가는 이유 없는 비난을 던진다.

그 순간 우리는 갈림길에 선다. 비난이 두려워 시도조차 하지 않거나, 단 한 번의 비난에 무너져 포기하는 길. 혹은 마음을 다잡고 흔들림 없이 내 길을 걸어가는 길.

중요한 건 기술이나 실력만이 아니다. 발표 준비를 아무리 완벽하게 해도 무대 위에서 두려움 때문에 입이 떨어지지 않는 경우가 있고, 글을 아무리 잘 써도 비난 댓글 하나에 용기를 잃고 원고를 찢어버리는 경우가 있다. 성취는 실력만으로 완성되지 않는다. 실력을 꽃피우는 데는 멘탈의 힘이 크게 작용한다.

이유 모를 악플에 시달리다

나 역시 멘탈이 약했다면 여러 차례 포기해버렸을 것이다. 아나운서로 일하던 2014년은 세월호 참사로 전 국민이 깊은 슬픔에 잠겨 있었다. 방송국도 예외는 아니었다. 프로그램 편성부터 뉴스 콘텐츠까지 모든 것이 조심스러웠고, 작은 부분 하나까지 신중해야 했다. 이날도 평소처럼 뉴스를 마치고 스튜디오를 나와 퇴근 준비를 하는데, 한 선배가 조용히 나를 불렀다. 유선으로 시청자 불만 제보가 접수됐다는 것이다.

"전 국민이 애도하는 시기에 남자 아나운서의 정장 색상이 너무 밝고, 넥타이도 화려하다."

그 불만은 한 번으로 끝나지 않았다. 며칠 간격으로 비슷한 제보가 몇 차례 더 이어졌다. 모두 내 의상에 관한 지적이었다. 지금이라면 '그럴 수도 있지' 하고 흘려보낼 수 있었겠지만, 당시의 나는 달랐다. 첫 제보 소식을 들었을 때는 덜컥 겁이 났고, 두 번째, 세 번째 제보가 이어졌다는 이야기를 듣자 앵커 자리 자체에서 도망치고 싶다는 생각마저 들었다.

아나운서가 입는 정장은 개인 소유가 아니라 대부분 협찬 받은 옷이다. 코디 선생님이 골라주는 정장과 넥타이를 그대로 입을 뿐, 본인에게는 선택권이 없다. 게다가 뉴스의 특성상 앵커가 밝은 정장을 입는 것은 애초에 불가능하고, 넥타이 또한 화려할 수 없다. 억울한 상황이었지만, 시청자들이 이런 사정까지 알 리가 없다. 이유조차 알 수 없는 비판 앞에 서 있자니 정신적으로도, 감정적으로도 큰 타격을 입었던 기억이 지금도 선명하다.

기자로 일할 때도 이유 없는 비난을 받은 적이 있었다. 북한 관련 기사를 쓴다는 건 앞서 언급했듯이 직접 취재가 불가능하다 보니 쉽지 않은 작업이다. 그럼에도 불구하고 상대적으로 평가가 긍정적인 편이라는 장점은 있었다. 국내 정치 기사처럼 좌우의 첨예한 갈등이 개입되지 않았고, 대다수 국민은 북한을 '문제가 있는 지도자와 집단'으로 인식하고 있었기 때문이다. 그래서 기자가 직접 비난의 대상이 되는 경우는 흔치 않았다.

하지만 예외는 늘 있었다. 북한 관련 이슈는 안보 문제와 직결되는 만큼, 내 기사를 두고 "정치적인 의도를 갖고 쓴 것 아니냐"는 터무니없는 음해성 댓글이 달리기도 했다. 그 순간, 기사가 나가기까지 온 힘을 다해 취재하고 정리했던 시간들이 주마등처럼 스쳐 지나갔다. 억울함과 분노가 동시에 치밀어 올랐다. 그때부터는 댓글창을 시도 때도 없이 확인하게 되었다.

내 기사에 동조하는 댓글을 보면 "역시 내 말이 맞군" 하며 순간적인 안도감을 얻었지만, 비판이나 비난이 섞인 댓글을 볼 때마다 감정이 요동쳤다. 하루에도 몇 번씩 기분이 들쭉날쭉했고, 일주일 내내 댓글창에 매달려 일희일비하다 보니 정신 상태가 점점 피폐해져가는 느낌을 지울 수 없었다.

이러한 비난은 쉽게 해소되지 않은 아픈 경험이었다. 차라리 그들에 대한 단순한 원망으로 끝났다면 오히려 다행이었을 것이다. 그러나 그 경험은 이후 내 삶 전체에까지 영향을 미쳤다. 누군가에게 미움을 받을 수 있다는 막연한 두려움이 내 안에 자리 잡으면서, 나는 '내가 원하는 삶'이 아닌 '타인이 바라보는 삶'에 더 많은 마음을 쓰게 되었다.

하지만 그렇게 살다 보면 본래 내가 세운 목표와는 점점 멀어질 수밖에 없다. 방향을 잃고 흔들리다 보면 불만족스러운 상태에 머물게 되고, 심하면 우울과 자기비관이라는 최악의 상황으로 빠져들 수도 있다. 나 역시 그러한 과정을 겪었다.

모두에게 좋은 사람이 될 수 없다

그러다 모든 사람에게 사랑받고 지지를 받을 필요는 없다는 것을 깨달은 계기가 있다. 바로 연애를 하면서였다. 상대가 나를 미워하는 데 이유가 있든 없든 그것은 내가 컨트롤할 수 없는 영역이었다. 20대의 나는 달랐다. 헤어진 연인뿐 아니라 그녀와 연관된 인연들에게까지 좋은 사람으로 남고 싶었다. '나쁜 사람'이라는 말을 듣는 게 두려워 불필요한 해명까지 서슴지 않았다. 제3자의 눈에는 어리석은 욕심처럼 보였을 것이다. 하지만 그때의 나는 누군가에게 미움받는다는 사실 자체를 도무지 견뎌내지 못했다.

헤어진 뒤의 관계를 떠올려보면 명확하다. 본인 외의 제3자라면 누구나 머리로는 안다. 이미 끝난 인연이라면, 그녀 혹은 그녀의 주변 사람들에게까지 내가 반드시 좋은 사람으로 남는 데 전심을 쏟을 필요까지는 없을 것이다. 굳이 나쁜 사람일 필요도 없지만, 이별 이후 그녀의 경험 속에서 내가 가장 좋은 사람으로 남아야겠다고 생각하는 건 욕심일 수 있다. 그의 최종적인 기억이 나쁜 놈이라 해도, 그것은 내가 침범할 수도, 더 이상 신경 써야 할 이유도 없는 문제다.

다른 사람들과의 관계 역시 다르지 않다. 이유도 없이 나를 좋아하지 않는 사람이 있다 해도 그것은 내 책임이 아니다. 내가 감당해야 할 몫도 아니다. 모든 사람의 입맛에 맞추어 그들을 만족시키는 것은 불가능하며, 애초에 그럴 필요도 없다.

이 깨달음을 얻고 난 뒤 내가 마음속으로 세운 경계는 분명했다. '타인을 위해 살지 말자.' 그동안 남의 눈치를 보며 타인의 반응을 의식하다가 정작 내 인생을 허비했던 시간들이 떠올랐다. 냉정하게 말해 여기서 말하는 '남'은 가족까지도 포함된다.

우리 사회는 다른 사람의 기대에 부응하려는, 소위 '인정 욕구'에 길들여져 있다. 특히 청소년들은 부모와 선생님, 친구들의 기대를 충족시키지 못하면 불행하다고까지 느낀다. 그러나 조금만 침착하게 생각해본다면, 행복의 관점에서 타인의 시선을 지나치게 신경 쓰지 않는 편이 훨씬 낫다는 사실에는 누구나 고개를 끄덕일 것이다.

성취라는 관점에서도 같은 이야기를 하고 싶다. 타인의 평가에 의연하게 대응하고, 설령 불호라는 반응을 받는다 해도 그것에 흔들리지 않고 끝까지 자신의 의지와 주관을 지켜야 한다는 것이다.

나는 지금까지 좋은 회사에 입사하기도 하고, 또 퇴사를 결정하기도 했다. 그 과정에서 동료와 선배들에게 가장 많이 들었던 말이 있다.

"섭아, 이 정도 회사면 정말 좋은 곳이야. 나가지 마라. 여기 연봉이 얼만데, 나가면 너 정말 후회한다."

물론 후배를 걱정하는 마음에서 해준 조언이었을 것이다. 그러나 언젠가부터 나는 그들의 이야기를 단순한 참고 정도로만 받아들이기로 했다.

그들의 판단은 어디까지나 본인의 경험의 테두리 안에서 내려진 것이었다. 그렇다면 세상의 모든 일이 과연 그들의 경험 안에서만 발생하는 것일까? 그들의 경험치는 언제나 옳은 것일까? 세상의 무한한 가능성을 그들의 그릇 안에 전부 담을 수 있을까? 나는 그렇지 않다고 생각했다.

성취를 이룬 사람들은 공통적으로 타인의 편견과 불호, 반대에 휘둘리지 않았다. 오히려 세상의 고정관념과 맞서 싸우며 자신이 옳다고 믿는 길을 걸어갔다. 스티브 잡스는 수많은 실패와 업계의 조롱에도 불구하고 IT 산업의 판도를 완전히 바꿔놓았다. 일론 머스크는 로켓 발사에 연달아 실패하며 투자자와 언론의 원색적인 조롱을 받았지만 우주산업의 역사를 다시 썼다.

나는 이들을 떠올리며 '견뎠다'라는 표현을 쓴다. 그들조차 불특정 다수에게 쏟아지는 비난을 견디는 것이 결코 쉽지 않았을 것이다. 타인의 평가에 의연하게 대응한다는 건 무심한 태도만으로 가능한 일이 아니다. 각고의 노력과 인내가 뒷받침되어야만 가능한 영역이라고 나는 믿는다.

타인의 평가로부터 자유로워지려면

타인의 반응에 예민해지지 않고, 소위 '미움받을 용기'를 키울 수 있는 몇 가지 노하우가 있다.

첫 번째 키워드는 '분리하기'다. 내 삶과 타인의 삶을 최대한 분리해서 생각하는 것이다. 남들의 비난과 나에 대한 불호는 철저히 그들의 자유로운 영역이다. 설사 이유 없는 비난일지라도 냉정하게 따져보면 내가 왈가왈부할 문제가 아니다. 그것은 그들의 자유인 동시에 내가 통제할 수 없는 변수다. 물론 내가 잘 아는 지인이나 몇 다리 건너 아는 사람이라면, 어떻게든 그들의 마음을 움직여 나에 대한 평가를 호감으로 바꾸려 노력해볼 수 있다. 하지만 불특정 다수에게까지 그럴 수는 없다. 애초에 불가능한 영역이다. 따라서 내 통제 밖의 삶의 영역이라는 사실을 빠르게 인정할 수 있다면, 타인의 반응에 예민하지 않을 수 있는 첫 단추가 제대로 꿰어지는 것이다.

내 기사에 이유 없는 비난성 댓글들이 달릴 때, 처음에는 상처도 받고 분노도 했지만 시간이 지나면서 사람들의 반응에 점점 무뎌졌다. 어느 순간부터는 '분리하기'를 통해 스스로를 보호하는 방법을 익혔다. 내 머릿속 인식 체계는 비난성 댓글을 보는 순간 이렇게 작동했다. '설령 정성껏 달린 악플이라도 독자가 자유롭게 의견을 개진하는 것일 뿐이다. 내가 통제할 수 있는 부분은 댓글이 아니라 기사 내용이다. 그렇다면 다시 양질의 기사를 쓰는 데 최선을 다하자. 어차피 기사는 누군가의 지지를 얻기 위해 쓰는 게 아니지 않은가.'

이 원리는 일상에서도 그대로 적용된다. 직장 상사나 친구들의 부정적인 평가가 있더라도 그것을 어찌할 수 있겠는가? 내가 집중해야 할 부분은 통제할 수 없는 평가가 아니라, 내가 책임질 수 있는 결과물이다. 그것이 보고서든, 프로젝트 성과든, 혹은 로켓 발사 같은 궁극적인 목표든 말이다. 내가 마침내 그것을 이뤄낸다면, 다른 사람의 반응은 더 이상 중요하지 않다.

두 번째 방법은 시간을 조금 더 길게 갖는 것이다. 상대방의 반응에 대해 나의 응답이나 감정을 즉각적으로 드러내는 것은 대개 좋은 결과를 가져오지 않는다. 사람이라는 존재는 '재밌게도' 매일매일 생각과 육체의 컨디션이 조금씩 다르다. 그래서 내가 받아낼 수 있는 스트레스의 총량도 날마다 달라질 수밖에 없다.

"나는 감정 기복이 없는데?"라고 말하는 사람들도 있겠지만, 그것은 단지 기복이 크지 않을 뿐이지 전혀 없다는 뜻은 아니다. 누구에게나 크든 작든 감정의 파동은 존재한다. 어떤 날에는 누군가의 비난이 충분히 받아들일 만하게 느껴지지만,

또 어떤 날에는 도저히 견딜 수 없는 상처로 다가와 큰 치명타가 되기도 한다.

따라서 부정적인 평가에 대해서는 시간을 두고 반응하는 편이 훨씬 현명하다. 시간을 길게 가져가면 성급한 말이나 행동으로 자신을 더 곤란하게 만들지 않게 되고, 스스로에게 부정적인 생각에 빠지는 것도 막을 수 있다. 무엇보다 시간이 흐르면 사람들의 평가 기준 자체가 달라지기도 한다.

당시 제출했던 보고서가 시간이 지난 뒤에 오히려 더 현실에 맞는 것으로 평가받는 경우도 있고, 한때 혹평을 받았던 디자인 시안이 시간이 지나 재평가되는 일도 흔하다. 기다릴 줄 아는 자에게는 '복'까지는 아니더라도 분명히 '기회'가 찾아올 가능성이 높다.

마지막으로 기억해야 할 사실이 있다. 모든 사람에게 호감일 수는 없다는 사실을 받아들이는 것이다. 세상의 이치란 그렇다. 어떤 이는 나를 싫어할 수 있지만, 또 다른 곳에서는 반드시 내 편이 되어주는 사람이 존재한다. 그러니 누군가의 평가에 일희일비하기보다는 묵묵히 나의 일을 해내고, 결과물을 꾸준히 만들어내는 것이 중요하다. 그렇게 살아가다 보면 동료나 친구들 중에서 반드시 나를 지지해주는 사람이 나타나게 마련이다.

나 역시 세상 사람들이 모두 나를 싫어한다 해도 내 가족 네 명만 곁에 있으면 충분히 행복한 사람이라고 스스로 다짐했다. 반드시 가족일 필요 없다. 누구에게나 그런 존재가 있을 것이다. 혹은 나타날 것이다. 나를 끝까지 믿어주는 단 한 사람, 많아야 두 사람만 곁에 있어도 우리는 이 세상을 살아갈 충분한 이유와 힘을 얻을 수 있다.

성취란 목표로 삼은 무언가를 이루는 것이다. 목표가 분명하다면 그 과정을 걸어가는 동안 마주치는 부정적인 평가나 원치 않는 간섭은, 당시에는 커다란 장애물처럼 보일지 몰라도 사실 전혀 중요한 요소가 아니다. 나는 이 점을 성취를 향해 막 출발선에 선 독자들에게 꼭 전해주고 싶다.

리소스의 측면에서 보더라도 우리는 한정된 에너지를 가진 '유한한' 존재다. 내가 정한 목표를 향해 열정을 다 쏟아부어도 그 자체로도 버겁다. 그런데 내가 통제할 수도 없고 결과에 아무런 실질적 영향도 주지 못하는 타인의 부정적인 평가에까지 신경을 쏟는다면, 그것은 성취에 다가가는 걸 가로막거나 늦추는 결과밖에 남지 않는다.

BBC에서는 기자가 아니어도 상관없다.

PD이든, 촬영감독이든, 작가이든

시청자 입장에서 알아야 할 내용이거나

흥미로운 뉴스거리라면 누구나 기사를

만들 수 있다.

포지션은 단지 역할의 구분일 뿐,

아이디어의 자격을 가르는 기준이 아니다.

4장

소통은 말이 아니라 이야기로

BBC에서 배운 '내 콘텐츠' 만드는 법

당신은 무엇을
기여할 수 있습니까?

언론인이라면 누구나 한 번쯤은 꿈꾸는 무대가 있다. 나에게 그 무대는 영국 런던의 BBC였다. 합격 소식을 처음 들었을 때의 기분을 뭐라고 표현해야 할까. 진부한 말이지만, 정말 꿈을 꾸는 듯했다.

그곳에 들어가기까지 과정은 쉽지 않았다. 처음으로 도전하는 해외 취업이었기에 모든 것이 낯설고 서툴렀다. 제출해야 할 각종 서류는 산더미처럼 많았고, 시간제한이 엄격한 필기시험에 이어, 심지어는 전 직장이었던 국정원까지 유선으로 레퍼런스 체크가 들어갔다. 어느 하나 가볍게 넘어가는 단계가 없었다. 게다가 영국 특유의 '느림의 미학' 때문인지, 각 전형마다 한 달 이상을 기다려야 했다.

서류를 제출한 지 다섯 달쯤 되었을까. 드디어 BBC로부터 최종 면접을 보러 오라는 이메일이 왔다. 국내 취업만 준비했던 나에게 해외 본사 면접은 모든 면에서 생소했다. 특히 영어로 진행된다는 사실이 막막했다. 영어 실력을 어떻게 어필해야 할지, 자기소개서를 토대로 답변을 준비해야 할지, 아니면 내 경험과 이야기를 중심으로 자연스럽게 풀어내야 할지, 도무지 감이 잡히지 않았다.

후기를 찾아보려 했지만, BBC 본사 면접에 대한 사례는 어디에도 없었다. 영어 답변을 외우려 하니 오히려 더 어렵게 느껴졌다. '한국 기업 면접도 외워서 준비하지 않는데, 영어라고 다르겠는가.' 결국 나라는 사람에 대해 대략적인 준비만 하고, 현장에서 주어지는 질문에 맞춰 임기응변으로 풀어가기로 마음먹었다. 언론인으로 5년 이상 일했고, 정보요원으로도 일한 경험이 있었으니, 그 정도 패기로 버텨낼 수 있으리라 믿었다.

그렇게 BBC 서울 사무실 문 앞에 섰다. 최종 면접자 명단에는 약 30명이 있었는데, 하필이면 나는 맨 마지막 차례였다. 면접자 사이에서 '첫 번째와 마지막은 합격률이 낮다'는 미신 같은 이야기가 떠올랐다. '아, 불리한 상황이구나'라는 생각을 하며 로비에 들어서는데, 바로 앞에서 면접을 치르고 나온 지원자와 마주쳤다. 그의 얼굴은 낯빛처럼 창백했다. 긴장감이 채 가시지 않은 얼굴에는 짙은 아쉬움이 배어 있었다.

"너무 어려웠어요. 까다로운 질문들이 많아서 대답하지 못한 것도 있었습니다. 쉽지 않네요."

짧은 한마디가 내 귀에 오래 남았다.

불리한 징조들만 가득했지만 피할 수 없는 싸움이었다. 떨어지면 어떤가. 나는 이미 안정적인 직장을 가지고 있지 않은가. 그 마음이 오히려 나를 편안하게 만들었다.

BBC가 질문하는 한 가지

면접장에 들어서자 서로 다른 인종으로 보이는 네 명의 면접관이 환하게 웃으며 나를 맞아주었다. 자리에 앉자마자 한 면접관이 자기소개를 해달라고 했고, 나는 준비해간 영어 자기소개를 줄줄 읊었다. 그 순간, 네 사람 모두의 얼굴에 미소가 번졌다. 방송 6년 차인 나는 그 미소의 의미를 모를 리 없었다. 외워온 자기소개가 어딘가 부자연스럽게 들렸던 것이다. 더욱이 영어라는 언어와 그들의 문화권에서는 외운 말투가 오히려 낯설고 어색했을 터였다.

아차 싶었던 순간, 면접관 중 한 명이 "잘 들었습니다. 편안하게 시간을 가지고 답변해도 괜찮습니다"라고 말해주었다. 그제야 분위기를 조금은 내려놓을 수 있었다. 한국식 면접과는 달리, 이곳에서는 질문과 답이 칼처럼 구분되지 않았다. 그들은 나와 '대화'를 원하고 있었다.

이어지는 질문은 한국 기업과는 전혀 다른 결의 것이었다. 한국에서는 대개 자기소개서에 나온 내용들을 토대로 면접이 진행된다. 그래서 자기소개서만 잘 써놔도 '예측 가능한' 질문에 대비할 수 있다. 실제로 내가 거쳤던 아나운서, 국정원 입사 과정에서도 "어려운 상황을 어떻게 극복했는가", "상사의 지시가 불합리했을 때 어떻게 대응했는가" 같은 과거 지향적인 질문이 주를 이뤘다. 나 역시 후에 스타트업 임원으로서 면접을 보며 같은 방식으로 질문한 적이 많다. 지원자가 조직에 잘 적응할 수 있는 사람인지 확인하려는 의도였다.

BBC도 비슷할 거라 생각했다. 나에 대한 이력서와 자기소개서를 바탕으로 과거를 묻겠지. 그러나 예상은 보기 좋게 빗나갔다. 90분 가까이 이어진 면접에서 단 하나의 화두만이 반복되었다.

"당신은 BBC에 무엇을 기여할 수 있습니까?"

내가 가진 경험을 어떻게 BBC에서 풀어낼 수 있을지, 당장 어떤 아이디어로 새로운 가치를 만들 수 있을지를 집요하게 물었다. 처음에는 당황스러웠다. 과거 경험을 얘기하면 충분할 줄 알았는데, 대화는 끊임없이 미래로 향했다. BBC가 레거시 미디어의 대표격인 공영방송임에도 불구하고, 질문은 누구보다 미래지향적이었다.

"북한은 한국에서는 주목받는 소재이지만, 영국이나 전 세계적으로는 그렇지 않을 수 있습니다. 특히 BBC의 약점은 젊은 시청자 층의 이탈인데, 북한이라는 주제를 어떻게 하면 전 세계 젊은이들이 관심 갖고 보게 만들 수 있겠습니까?"

머릿속이 하얘졌다. 한국에서는 북한 뉴스가 그 자체로 중요한 소재였다. 같은 민족이자 전쟁을 치른 적국이며 실존하는 위협이니, 젊은 세대의 관심 여부는 고려 대상이 아니었다. 방송국은 단지 북한 관련 사안이 발생하면 뉴스로 내보내면 그만이었다. 그런데 이들은 전혀 다른 질문을 던졌다. '젊은 시청자들이 왜 북한을 봐야 하는가?' 그 질문이 낯설었지만 동시에 신선하게 다가왔다.

또 하나 인상 깊었던 질문은 "BBC 콘텐츠를 한국에 어떻게 확산시킬 수 있을까요?"였다. 한국은 영국과 물리적으로 멀뿐 아니라 심리적으로도 먼 나라다. 거리로만 따지면 워싱턴 D.C.가 더 멀지만, 우리는 한미동맹과 역사적 특수성 덕분에 미국을 훨씬 가깝게 느낀다. 그러니 자연스럽게 미국 언론이 더 익숙하고, CNN과 〈뉴욕타임스〉가 훨씬 친근하다. BBC 입장에서는 기울어진 운동장에서 싸우는 셈이다. 하지만 2018년, 뉴미디어 시대를 맞아 BBC는 이를 오히려 기회로 보고 있었다. 유튜브와 인스타그램 등 젊은 세대가 모이는 플랫폼에서 어떻게 뉴스를 재가공하고 노출할 것인지, 그들은 간절히 답을 찾고 있었다.

나는 잠시 생각을 가다듬고 대답했다.

"영국은 아무래도 한국에 대해서는 BTS 외에는 잘 모를 겁니다. 서양 문화권에서 북한은 괴상한 나라로만 인식되어 있습니다. 미국과 얽힌 지정학적 구도에도 관심이 크지 않고요. 그렇다면 저는 '사람'에 초점을 맞춰야 한다고 생각합니다. 영국과 유럽 사람들은 사람 자체, 그리고 인권 문제에 굉장히 민감하잖아요. 그래서 탈북인들의 삶을 담아내면 좋을 것 같습니다. 영국에는 유럽에서 가장 많은 탈북인들이 살고 있고, 1세대뿐 아니라 3세대까지 이어지고 있죠. 그들의 세대별 이야기와 갈등, 일상의 생생한 목소리를 전한다면 충분히 공감을 얻을 수 있을 겁니다.

또 하나는 김정은입니다. 북한은 세습 독재 체제이고, 김씨 일가는 언제나 호화로운 생활을 이어가고 있죠. 그중에서도 김정은이 입는 인민복 원단이 런던 메이페어의 세빌로스트리트에서 공급된다는 첩보가 있습니다. 만약 이와 같은 소재를 패션이라는 시각에서 다룬다면, 젊은 시청자들의 시선을 끌 수 있지 않을까요?"

시간이 흐르면서 면접은 더 이상 면접 같지 않았다. 면접관은 내 답변에 꼬리를 물고 질문을 이어갔고, 나 역시 자연스럽게 역으로 회사에 궁금한 점을 물었다. 최종 면접이라는 형식이 무색하게, 마치 내부 회의에 함께 앉아 문제 해결책을 찾는 자리처럼 흘러갔다.

우리가 필요한 건 영어가 아니라 아이디어야

결과는 합격이었다. 입사 후 보스에게 물었다. "제가 다른 지원자보다 나은 점이 뭐였나요?"

그의 대답은 심플했다. "우리가 널 선택한 건 만장일치였어. 넌 영어를 제일 잘한 건 아니야. 하지만 영어는 우리에게 단지 커뮤니케이션 수단일 뿐이지 능력을 판단하는 기준이 아니야. 넌 우리가 고민하는 문제들을 함께 풀어갈 수 있을 거란 확신을 줬어. 특히 젊은 층에게 북한 콘텐츠를 어떻게 풀어낼지에 대한 네 아이디어에서 많은 인사이트를 얻었어. 그래서 널 뽑은 거야."

그 순간 프로로 인정받았다는 느낌이 들었다. 프로 스포츠 선수가 구단과 계약을 맺듯, 직장인도 계약을 맺고 그에 맞는 성과를 내야 한다. 한국 기업들은 흔히 '우리 직원'이라는 개념으로 사람을 뽑는다. 일단 들어오면 회사 문법에 맞게 배워가며 적응하라는 방식이다. 반면 해외 기업은 프로로서 최대의 능력을 발휘할 수 있도록 환경을 만들어준다. 어느 쪽이 옳다 말할 수는 없지만, 나는 후자의 방식이 직원과 회사 모두에게 훨씬 큰 편익을 준다고 믿는다.

합격률을 높이는 면접 노하우

취업의 마지막 관문인 면접은 어떻게 준비해야 할까? 내 경험을 바탕으로 몇 가지 조언을 하자면 이렇다. 비단 해외 취업이 아니더라도 어느 곳에서나 통용되는 이야기일 것이다.

첫째, 언어나 스펙에 주눅 들 필요 없다. 영어는 의사소통의 수단일 뿐이다. 물론 잘하면 좋다. 하지만 대부분의 해외 기업은 당신의 모국어가 영어가 아님을 이미 잘 알고 있다. 중요한 건 영어 자체가 아니라 당신의 '차별화된 경험'이다.

둘째, 회사가 당면한 문제를 최대한 파악하라. 입사를 희망하는 회사가 지금 어떤 어려움에 직면해 있는지, 어떤 사업에 주력하는지 조사하는 건 기본이다. AI 시대에는 챗GPT 같은 도구를 활용해 훨씬 빠르고 깊게 알아낼 수 있다. 물론 그 정보가 항상 정확한 건 아니니 직접 찾은 자료와 교차 검증하는 것도 잊지 말아야 한다.

셋째, 당신의 경험이 회사에 어떻게 기여할 수 있을지를 끊임없이 고민하라. 그리고 그것을 당신만의 언어로, 자신감 있게 표현해내라. 단순히 "저는 북한 관련 경험이 있습니다"라고 말해서는 부족하다. 그 경험이 회사에서 어떻게 새로운 콘텐츠로 연결될 수 있는지를 구체적으로 그려 보여야 한다.

마지막으로, 단답형으로 끝내지 말고 대화하라. 마치 회사 회의에 참여해 토론한다는 느낌으로 질문과 답변을 주고받아라. 가능하다면 '우리'라는 단어를 자주 사용하라. 이미 같은 방향을 바라보고 있다는 인상을 주는 것이 효과적이다.

해외라고 해서 반드시 국내보다 낮다고 할 수는 없다. 분명 적응의 어려움, 외로움, 낯선 환경에서 오는 삭막함도 존재한다. 그러나 동시에 더 넓은 세상에서 새로운 도전을 하며 시야를 확장할 수 있는 기회이기도 하다. 그리고 그 출발선에서 반드시 마주하게 될 질문이 있다.

"당신은 무엇을 기여할 수 있습니까?"

콘텐츠가 전부다

2019년 3월의 첫날, 무거운 긴장과 묘한 설렘을 안고 지하철에 몸을 실었다. 구글맵에서 수없이 반복해 확인한 길을 다시금 머릿속으로 되뇌며 옥스퍼드서커스역 1번 출구로 나왔다. 런던 중심부는 활기로 가득 차 있었다. 쇼핑의 성지답게 손에는 가득 쇼핑백을 든 사람들이 부지런히 오가고, 거리 곳곳에서는 관광객들이 지도를 펴거나 사진을 찍으며 웃음소리를 흘리고 있었다.

리젠트스트리트를 따라 북쪽으로 조금 올라가자, 원형 기둥 위로 우뚝 솟은 첨탑과 클래식한 외관이 보였다. 순간 '저게 BBC인가?' 싶었지만, 가까이 가보니 그 건물은 올소울스처치라는 이름의 교회였다. BBC 본사는 어디 있다는 걸까.

한참이나 주변을 두리번거리며 지도를 들여다봤다. 세계적인 방송국이라면 당연히 웅장하고 압도적인 외관을 자랑할 것이라고 생각했다. MBC만 하더라도 상암에 거대한 랜드마크처럼 자리하고 있고, KBS도 국회의사당에 견줄 만큼 규모 있는 외관을 자랑한다. BBC라면 그 이상을 기대하는 게 당연하지 않겠는가.

현실은 달랐다. 몇 번이나 고개를 돌려 찾아본 끝에 마침내 BBC를 발견했지만, 기대와 달리 그 건물은 오목거울에 비친 것처럼 의외로 소박했고 아담했으며, 눈에 잘 띄지도 않았다. 그 순간 느꼈던 묘한 허탈감과 동시에, '겉모습보다 본질을 중시하는 곳일지도 모른다'는 직감이 스쳐 갔다.

정문 쪽으로 가까이 다가가자 우측에 세워진 동상 하나가 나를 맞이했다. 〈동물농장〉의 작가 조지 오웰이었다. BBC에 입사한 첫날, 오웰의 동상이 나를 바라보고 서 있던 그 순간은 지금까지도 선명하다. 그는 BBC에서 언론인으로 일한 경험이 있었고, 정치권력에 대한 예리한 비평으로 널리 알려진 인물이다. 동상 뒤 벽면에는 그의 문구가 새겨져 있었다.

If liberty means anything at all, it means the right to tell people what they do not want to hear.
자유가 어떤 의미를 가진다면, 그것은 사람들이 듣고 싶어 하지 않는 말을 할 수 있는 권리를 뜻한다.

차가운 벽면에 새겨진 저 문구와, 다소 쓸쓸해 보이면서도 꿋꿋하게 서 있던 오웰의 동상은 BBC가 스스로에게 부여한 언론의 책무를 압축적으로 보여주는 듯했다. 권력에 굴하지 않고, 진실을 말하는 파수꾼으로 남겠다는 결연한 다짐이 느껴졌다. 입사 첫날부터 나는 BBC가 단순히 보여지는 겉모습보다 내면의 가치를 중시하는 조직이라는 것을 건물 외관과 상징물만으로도 간접적으로 체감했다.

BBC가 지향하는 저널리즘, '사람'과 '이야기'

업무는 바로 시작되지 않았다. 어느 정도 예상은 했지만, 무려 한 달이나 교육을 받게 될 줄은 몰랐다. 한국에서 기자로 꽤나 경험을 쌓았음에도 불구하고, BBC에서는 처음부터 다시 배워야 했다. 저널리즘 전반에 대한 교육, BBC 보도 준칙, 기사 윤리에 대한 세션이 이어졌다. 예컨대 '정치인에게는 사전 질문지를 제공하지 않는다' 같은 원칙은 BBC 기자라면 반드시 지켜야 할 약속이었다.

교육은 단순히 지식을 주입하는 시간이 아니었다. 기자, PD, 영상 담당자 등 직무를 가리지 않고 한자리에 모여 기사를 함께 분석하고 토론했다. 현장에서 치열하게 부딪히며 배우는 과정 자체가 이미 BBC의 문화였다.

드디어 실무에 투입된 첫 아이템 회의. 나는 오랫동안 준비한 북한 관련 아이템을 자신 있게 내놓았다. 그러나 결과는 참혹했다. 민망함을 넘어 충격적일 정도로 내가 낸 아이템은 모두 거절당했다. 한국 정보기관과 MBC에서 북한 전문 기자로 경험을 쌓은 내가 내놓은 아이템이 별로라는 말은 쉽게 받아들여지지 않았다. 하지만 그들의 반응은 단호했다.

영국인들은 기본적으로 젠틀하고 품위 있는 태도를 유지하지만, 옳지 않다고 생각하면 단호하게 "아니다"라고 말한다. 회의 자리에서도 설득의 여지는 없었다. 당시 2월, 하노이에서 2차 북미 정상회담이 열린 직후라 나는 '앞으로의 북미 관계는 어디로 가는가', '김정은, 조건부 핵 폐기 가능성은?', '빈손으로 끝난 하노이, 3차 회담은 가능한가?' 같은 주제를 내놓았다. 한국 언론이라면 누구나 다루었을 법한, 시청자들이 당연히 궁금해할 내용이라고 생각했다.

그러나 BBC의 반응은 달랐다. "시청자들이 충분히 궁금해할 만한 주제인가?", "너무 진부하지는 않은가?", "무엇보다 BBC의 뉴스 소비자가 한국인만이 아니라 전 세계인인데, 그들에게 흥미롭게 다가갈 수 있을까?" 그들의 질문은 단순했지만 본질을 찔렀다.

함께 있던 다른 기자들의 아이템은 달랐다. 환경 전문 기자는 기후변화를 막기 위해 결석 시위를 벌이는 청소년들을 인터뷰하겠다고 했고, 여성 전문 기자는 히잡을 쓰고 성인물에 출연했다가 살해 위협을 받은 전직 배우를 다루고 싶다고 했다. 의학 담당 기자는 '문컵'이라 불리는 생리컵이 여성 건강과 환경에 미치는 영향에 대해 취재하겠다고 했다. 처음엔 생소하게 들렸지만, 곱씹을수록 이 주제들은 단순한 사건 전달을 넘어 '사람'과 '스토리'를 담아낼 수 있는 힘이 있었다.

지금은 베이징 특파원으로 활동하는 로라 비커는 한국 내 이주 노동자들의 열악한 삶을 취재해 보도했다. 그녀는 직접 비닐하우스를 찾아가 '현대판 노예'처럼 살고 있는 노동자들의 목소리를 전했다. 단순히 상황을 나열한 것이 아니라, 그들의 생활과 고통, 그리고 희망까지 담아냈다. 기사의 처음부터 끝까지 스토리의 흐름이 있었고, 독자는 자연스럽게 그 이야기 속으로 끌려 들어갔다.

그제야 깨달았다. BBC가 지향하는 저널리즘은 단순한 사실 나열이 아니라, 이야기에 기반한 저널리즘이었다. 단신을 제외한 대부분의 기사들은 사건 그 자체보다 그 속의 '사람'과 그들의 목소리에 무게를 두었다. 사건을 전달하는 동시에, 그 속에서 살아가는 인간의 이야기를 풀어내며 독자의 몰입을 이끌어내는 것이다.

"한국 언론이 할 일을 BBC가 했다"

나 역시 점점 'BBC화' 되어갔다. 북한 아이템을 정할 때도 단순한 발생 기사가 아니라, 어떻게 하면 시청자들이 공감하고 몰입할 수 있을지 오랫동안 고민했다. 그 과정에서 탈북자들의 이야기는 언제나 좋은 소재였다. 그들의 삶은 언제 들어도 극적이고, 사람들의 심금을 울리는 힘이 있었다. 단순한 사실을 넘어 자연스러운 스토리가 흘러나왔고, 기사에는 호소력과 진정성이 깃들었다.

한 번은 탈북자들이 한국에 와서 겪는 '언어 장벽'에 주목
했다. 의외로 한국 사회에서는 영어가 생활 속에서 상당히 많
이 쓰이고 있었고, 이는 탈북자들에게 큰 어려움으로 다가왔
다. 나는 동료 이윤녕 기자와 함께 이 주제를 취재했다. 결과는
예상보다 큰 반향을 불러일으켰다. 특히 한국 시청자들의 반
응이 인상 깊었다. "전혀 생각하지 못한 부분을 알게 되었다",
"한국 언론이 해야 할 일을 BBC가 했다"라는 평가가 이어졌
다. 익숙한 탈북자 관련 기사와 달리 새로운 시선과 스토리 구
성이 있었기에 시청자들이 몰입할 수 있었던 것이다.

또 다른 사례로는 면접 때도 얘기했던 김정은 의상 아이템이
있었다. 영화 〈킹스맨〉의 배경이 된 런던의 세빌로우, 세계적
으로 유명한 맞춤 수트 거리에서 김정은이 원단을 공급받는다
는 첩보를 입수해 취재를 준비했다. BBC 내부에서도 매우 흥
미롭고 가치 있는 아이템이라는 평가를 받았다. 그러나 마지
막 단계에서 보류됐다. 리스크가 너무 크다는 판단이었다. 외
교적으로 민감한 사안이 될 수 있고, 기자와 회사 모두 안전을
보장하기 어렵다는 이유였다. 만약 기사화되었다면 큰 반향을
불러일으켰을 것이지만 말이다. 이처럼 BBC의 저널리즘은 하
나의 방향으로 귀결된다. 바로 '스토리'와 '사람'이다.

공감의 시대다. 사람들은 단순한 정보 전달보다 사람 냄새 나는 이야기에 더 큰 관심을 기울인다. 영화 홍보도 단순히 작품의 줄거리를 알리는 것에 그치지 않는다. 배우들의 개인적인 일상과 촬영 현장의 케미를 전한다. 만들어진 이미지가 아닌 '사람 이야기'가 더 많은 호기심을 불러일으킨다.

사람들은 사실(fact)만으로 마음이 움직이지 않는다. 건조한 정보는 금세 잊히지만, 진정성 있는 이야기는 공감을 넘어 지지를 이끌어낸다. BBC가 강조했던 '스토리 중심 저널리즘'은 단순한 제작 기법이 아니라, 사람들과 진심으로 연결되는 커뮤니케이션 방식이었던 것이다. 그리고 이는 일상과 커리어에도 고스란히 적용된다. 면접장에서 자신을 소개할 때, 회의실에서 아이디어를 발표할 때, 혹은 소개팅 같은 짧은 순간에 진심을 전할 때조차, 가장 중요한 건 나만의 진정성 있는 콘텐츠다. 내가 가진 강점을 어떻게 스토리로 풀어낼 수 있는가, 그것이 사람들의 마음을 움직이는 열쇠다.

당신의 글과 대화 방식을 바꿔보라. 건조한 나열 대신, 당신만이 가지고 있는 고유한 이야기를 꺼내보라. 그 순간, 듣는 사람은 당신에게 공감하고, 지지를 보내줄 것이다.

BBC가 특별한 소재를
찾는 법

BBC에서는 매일 아침 아이템 회의가 열린다. 기자들은 각자 그날 뉴스로 제작할 만한 아이템을 발표하고, 한 달에 한 번은 피처 기사 아이템을 공유한다. 피처 기사란 단순한 스트레이트 기사가 아니라 사건의 이면을 들여다보고, 숨겨진 이야기를 발굴하며, 기자의 주관적인 시각을 녹여내 독자의 공감을 이끌어내는 일종의 기획 기사다.

방송국의 아이템 회의는 언제나 긴장감과 신경전이 흐른다. 각자의 아이템이 충분히 시청자들에게 어필할 수 있다는 것을 설득해야 하는 자리이기 때문이다. 여러 직장을 거쳐왔지만, 뉴스 제작자들만큼 까탈스럽고 만만치 않은 집단은 본 적이 없다. 웬만한 아이템과 덧붙여지는 설득력으로는 그들을 만족시키기 어렵다. 평범함은 물론, 지루함조차 용납되지 않는다.

성실하다는 이유만으로는 좋은 평가를 받기 힘든 곳이다.

혹자들은 언론인들을 두고 "삐딱한 시선을 가진 사람들"이라고 부정적으로 말하기도 한다. 하지만 언론인들은 그것을 부끄럽게 여기기보다 나름의 훈장으로 받아들인다. 삐딱한 사람들이 다수 모여 있는 곳이다 보니, 때때로 웃지 못 할 재미있는 에피소드도 생겨난다.

하루는 출근하자마자 주요 뉴스를 출력하기 위해 공용 프린터기로 향했다. 거기에는 '종이를 너무 많이 쓰니 아껴 쓰고 절약하자'는 취지의 메시지가 적힌 안내문이 붙어 있었다. 아마도 스태프 부서에서 붙이고 간 것 같았다. 그때까지만 해도 흔히 볼 수 있는 평범한 사무실 풍경이라 여겼다. 그런데 그 안내문 아래에 마치 댓글을 단 것처럼 연필로 눌러쓴 글귀가 눈에 들어왔다.

당신이 이 글을 쓰는 데 들인 시간 10P + 종이값 10P

+ 잉크값 10P + 테이프 10P + 내 연필 목탄값 10P

이걸 써서 붙이는 게 더 불필요하다고 따지는 것이다. 그 글귀를 보는 순간 피식 웃음이 났다. 언론인이라는 사람들이 전 세계 어디서나 얼마나 '만만치 않고' 까탈스러운지, 그들 특유의 삐딱함이 고스란히 드러난 장면이었기 때문이다. 이런 까다로운 사람들이 모여 있는 자리에서 아침마다 아이템 회의가 열린다.

마인드맵부터 그린다

웬만한 아이템으로는 통과되기 힘든 곳에서, BBC 기자들은 어떻게 아이템을 정해 올까? 내가 BBC와 한국 언론사를 모두 경험해본 결과 가장 큰 차이는 '다양함'과 '특별함'이었다. 아이템의 범위가 놀라울 정도로 넓고, 동시에 독창적이었다. 특히 피처 기사의 주제를 정할 때 가져오는 아이템은 내가 한 번도 생각하지 못한 것들이 많았다. 그런데 막상 들어보면 시청자라면 누구나 흥미를 가질 만한 것들이었다.

영국에 오기 전까지만 해도 영국 특유의 '느림' 때문에 다소 밋밋하고 답답할 것이라고 예상했는데, 첫날 아이템 회의부터 그들의 깊이와 넓이에 놀랐고, 솔직히 감탄했다. 이들이 늘 훌륭한 아이템을 가져오다 보니 자연스럽게 대화와 논의를 주도할 수 있었다. 중요한 건 영어 실력이 아니었다.

이들이 좋은 아이템을 찾아내는 비결은 무엇일까? 바로 마인드맵이다. 영국인에게 마인드맵 작성은 특별한 비책이 아니다. 어려서부터 익숙해진 습관이기에 글을 쓰든 발표를 하든, 어떤 커뮤니케이션을 준비하든 마인드맵을 그려보는 걸 당연한 과정으로 여긴다. 마인드맵은 머릿속에 흩어져 있는 생각을 한눈에 정리해 보여주는 지도와 같다. 종이를 하나 꺼내 가운데에 중심 주제를 적고, 거기서부터 아이디어를 나뭇가지처럼 뻗어 나가며 이어가는 방식이다. 생각의 조각들을 찾아내고 서로 연결해 구조화해주는 도구이기 때문에 '생각의 나무'라고 부르기도 한다.

우리는 보통 직선적으로 사고한다. 늘 접하던 주제 안에서만 맴돌다 보니, 특별한 준비 없이 스피치를 하거나 갑작스럽게 생일카드를 써야 할 때, 얼마나 내 말과 글이 평범하고 진부한지 스스로도 놀랄 때가 있다. 하지만 마인드맵을 그리다 보면 자연스럽게 색다른 소재가 눈에 띈다.

중심에서 뻗어 나간 가지들이 또 다른 가지를 만들며, 평소라면 전혀 떠올리지 못했을 아이디어가 튀어나온다. 가지가 많아질수록 예상치 못한 소재가 등장할 확률도 커진다. 때로는 하찮아 보이던 작은 키워드가 가장 인상적이고 강렬한 소재로 발전하기도 한다.

예를 들어 '시간 관리'라는 주제를 가운데에 적어두었다고 해보자. 보통은 계획표 작성, 효율적인 일정 운영 같은 단순한 소재들만 떠오를 것이다. 하지만 마인드맵을 그려나가면 이야기가 달라진다. '시간과 감정의 상관관계', '시간을 바라보는 나라별 문화적 차이' 같은 가지들이 자연스럽게 뻗어 나온다. 이런 과정에서 특별한 소재가 생겨난다. 누구나 쉽게 떠올릴 수 있는 표면적인 이야기가 아니라, 듣는 사람으로 하여금 '저런 관점은 생각하지 못했다'라는 반응을 이끌어낼 만한 소재가 나오는 것이다.

그들이 마인드맵을 통해 찾아낸 아이템들은 흥미로울 수밖에 없다. 이를테면 '버려진 아이폰의 부활'이라는 소재로 환경 문제를 다루거나, '코로나19가 산타클로스에게 미친 영향' 같은 기발한 주제를 꺼내는 걸 보면 절로 감탄이 나온다. 그 자극 덕분에 나 역시 '탈북민들의 영어 생존기', '탈북자 3세들의 삶', '김정은이 입은 인민복은 얼마일까?' 같은 주제를 발굴할 수 있었다.

나만의 키워드를 찾기 위한, 마인드맵 활용법

커뮤니케이션을 잘하기 위해선 발성을 다듬고, 억양을 조절하고, 바디랭귀지를 적절히 활용하는 훈련법이 무수히 많다. 실제로 말을 잘하고 싶다며 방법을 묻는 사람들의 대부분은 이런 기술을 원한다. 도움이 되지 않는 건 아니지만, 아무리 말하기 기술을 연습해도 대화의 본질을 결정짓는 건 '무엇을 말하느냐'이다. 요즘 청중들은 화려한 말솜씨보다도 새로운 시각, 신선한 소재에서 더 큰 감동을 얻는다. 같은 주제를 다루더라도 어떤 이는 뻔한 얘기를 반복하고, 어떤 이는 전혀 생각지 못한 관점으로 청중의 시선을 붙잡는다. 그 차이는 소재 찾기, 즉 어떤 키워드를 선점해 내놓느냐에서 비롯된다.

일터는 커뮤니케이션의 격전지다. 사람들은 대화나 토론, 회의에서 특정 단어에 반응하고, 그 단어가 대화의 방향을 결정짓기도 한다. 그렇기에 특별한 소재를 통해 자신만의 키워드를 던진 사람은 이후 흐름을 자신에게 유리하게 끌어올 수 있다. 키워드를 선점한다는 건 단순히 말의 주도권을 잡는 것을 넘어, 주제에 대한 해석의 권리를 쥐는 것이고, 커뮤니케이션의 힘을 장악하는 길이다. 특별한 소재를 발견하고, 그 안에서 자신만의 키워드를 뽑아내는 과정은 대화에서 영향력을 행사할 수 있는 가장 직접적이고 강력한 방법이다.

좋은 소재를 찾기 위한 사전 작업으로, 마인드맵을 어떻게 하면 더 효과적으로 작성할 수 있을까?

몇 가지 기본적인 요령만 알아두면 된다.

첫째, 중심 주제는 단순하게 적는 것이 좋다. 중심이 길거나 모호하면 생각이 자연스럽게 뻗어 나가지 못한다. 예를 들어 '시간 관리', '성공 습관'처럼 짧고 명확한 단어를 중심에 두어야 가지가 뻗어 나가기 쉽다. 이렇게 해야 새로운 소재가 파생될 수 있는 토대가 마련된다.

둘째, 가지에는 반드시 하나의 생각만 담아야 한다. 하나의 가지에 여러 아이디어를 섞어두면 나중에 무엇을 뽑아야 할지 헷갈린다. 가지마다 분명하게 한 개의 아이디어만 담아두면, 이후 소재를 고를 때 선택이 훨씬 수월하다.

셋째, 가지와 가지를 연결해보는 것이 중요하다. 전혀 다른 줄기에서 나온 생각들을 선으로 이어보면 의외의 조합이 생기고, 그 조합이 새로운 시각으로 발전하기도 한다. 남들이 떠올리지 못한 연결에서 특별한 관점이 만들어지는 것이다.

넷째, 처음부터 완벽하게 하려 하지 말고 빠르게 적어 내려가는 것이 핵심이다. 정갈한 그림을 그리고 싶다는 욕심이 생기면 오히려 사고가 갇히고 만다. 생각나는 대로 가지를 뻗어 나가다 보면, 그 과정에서 의외의 소재가 자연스럽게 모습을 드러낸다.

　마인드맵은 단순히 보기 좋게 정리하는 그림이 아니다. 오히려 예쁘게 정리하려는 욕심 때문에 본래의 목적, 즉 새로운 소재를 찾는 과정에서 멀어지는 경우가 종종 있다. 중요한 건 정갈한 그림이 아니라, 가지를 단순하게 뻗어내고 그것들을 이리저리 연결해보며 키워드를 발견하는 과정이다. 이렇게 작은 습관들이 쌓이면 남들과는 다른 특별한 '썸띵'을 찾을 수 있고, 그것이 곧 대화나 발표, 회의 자리에서 나만의 강력한 전략이 된다.

　자기소개서를 준비하거나, 면접을 앞두고 있거나, 혹은 프로젝트 발표를 준비하고 있다면 종이와 펜을 꺼내보라. 어떻게 말할지, 어떤 억양으로 표현할지를 고민하기에 앞서 '무엇을 전달할 것인가'라는 본질적인 질문부터 생각나무에 담아내는 것이다. 이 과정에서 생겨난 뿌리와 가지들이 남들과 다른 차별화된 관점을 만들어내고, 그것이 곧 당신의 경쟁력이 된다.

스몰토크도 능력이다

"Are you alright?"

런던에 살면서 가장 자주 들었던 말이다. 처음 보는 사람에게도, 길을 걷다 마주친 낯선 이에게도, 이들은 거침없이 내 안부를 물었다. 우리 가족도 잘 묻지 않는 내 상태를, 그들은 참 자연스럽고도 따뜻하게 건넨다. 착각은 자유라고 했던가. 스스로 자의식이 강한 편은 아니지만, 현지인에게 이런 인사를 들을 때면 나도 모르게 입꼬리가 올라간다. '내가 좀 러블리하긴 하지. 역시 여기서도 통하는 사람이구만?' 하며 잠깐의 한국식 착각을 즐기곤 했다.

하지만 낯선 이들이 건네는 이 인사는 진심으로 내 안부를 묻는 말이라기보다, 그저 인사치레에 가깝다. 카페에서 주문을 기다리다가 내 차례가 되었을 때, 점원이 "Are you alright?"

하고 묻는다면 그건 "자, 이제 당신 차례예요. 무엇을 드릴까요?" 정도의 의미다. 영국 사회에서는 일상적으로 쓰이는 일종의 관용어구다.

처음 스쳐 지나가는 사이였다면 이런 인사는 그저 가벼운 오프닝에 불과하다. 하지만 같은 회사에서 자주 마주치는 동료이거나, 미팅을 앞둔 파트너, 혹은 이미 몇 번 인사를 나눈 사이라면 이야기는 조금 달라진다. 이때부터는 영국인들이 유독 잘하는 스몰토크가 시작된다. 조금의 편견을 보태자면, 영국인들은 대체로 무뚝뚝하고 개인적인 영역을 철저히 지키는 사람들이다. 겉으로 보기엔 남에게 큰 관심이 없어 보일 정도다. 그래서 서구권에서는 '미국인은 지나치게 친근하고, 영국인은 지나치게 쿨하다'는 비교가 유머 소재로 자주 등장한다.

나 역시 BBC에서 '스몰토크 어택'을 매일같이 당했다. 처음엔 제대로 알아듣지도 못했다. 아무래도 한국에서 배운 미국식 영어에 익숙하다 보니, "How are you?" 대신 들려오는 "Are you alright?"가 잘 들리지 않았던 것이다. 그래서 처음에는 어색한 미소로 상황을 넘기곤 했다. 그 후엔 들리긴 했지만 여전히 헷갈렸다. 어디까지 대답해야 하지? "I'm alright"만 하면 끝인가? 나도 뭘 물어봐야 하나? 한국에서 막 런던으로 날아온 내게 스몰토크라는 개념 자체가 생소했기 때문에 출근길 엘리베이터 안이나 프린터 앞에서 마주친 동료들과의 짧은 대화는 늘 민망하고 어색했다.

아이러니하게도, 평소 말이 많은 편인 내가 이런 상황에서 오히려 말을 잃는다는 게 낯설고 불편했다. 처음엔 '영어가 아직 익숙하지 않아서 그런가?' 생각했지만, 곧 그게 전부는 아니라는 걸 깨달았다. 그들의 대화를 유심히 들어보니, 놀랍게도 내용이 너무 단순했다. 날씨, 출근길, 어제 본 TV 프로그램, 점심 메뉴 같은 정말 사소한 이야기뿐이었다. 오히려 '이게 대화라고?' 싶을 만큼, 별 내용 없는 말들이 끝없이 오갔다.

어느 날처럼 회의가 있어 한 층 아래로 내려가야 해서 엘리베이터를 탔다. 이미 다른 기자 몇 명이 타 있었고, 그들은 어김없이 스몰토크로 한창이었다. 속으로는 '무슨 할 말이 그렇게 많지? 어차피 회의 가서 또 얘기할 텐데?'라는 생각이 들었다.

그런데 회의가 시작되고 나서 놀라운 사실을 알게 됐다. 방금 엘리베이터에서 떠들던 그 둘, 알고 보니 그날 처음 만난 사이였던 것이다. 게다가 그 짧은 엘리베이터 대화에서 의기투합해, 함께 새로운 아이템을 만들어보기로 결정했다는 말에 적잖이 놀랐다. 그날 이후 나는 이들의 대화법, 특히 스몰토크의 힘에 깊은 관심이 생겼다. 그리고 '나도 한 번 해보자'는 마음으로 영국식 스몰토크에 적극 뛰어들기 시작했다.

영국인들이 즐겨 꺼내는 단골 주제는 대체로 정해져 있었다. 단연 1순위는 영국의 참담한(?) 날씨, 그리고 그 다음은 몹쓸 교통 상황이었다. 나도 자연스럽게 그들처럼 흉내를 내기 시작했다.

A 또 비라니, 믿을 수가 없네.

B 런던이잖아. 뭘 바라겠어?

A 오늘 아침에도 센트럴 라인(지하철)이 또 멈췄어.

B 놀랍지도 않네. 그 노선은 항상 그래. 런던 아니랄까 봐.

처음 만났거나 아직 가까워지지 않은 사이끼리 나누기 좋은 이야기들이었다. 그렇게 나는 매일같이 사무실 곳곳에서 동료들과 스몰토크를 이어갔다. 처음엔 어색했지만 점차 익숙해졌다. 몇 달이 지나자 대화의 폭이 눈에 띄게 넓어졌다. 이제는 단순히 날씨나 교통 이야기뿐 아니라, 여행 이야기나 사회적 이슈처럼 서로의 관심사가 조금씩 묻어나는 주제들로 대화가 발전했다.

스몰토크의 길이도 자연스럽게 길어졌다. 차를 마시러 갔던 캔틴존Canteen zone에서 우연히 만난 동료와 이야기가 길어지면서 점심시간을 훌쩍 넘긴 적도 있었다. 그렇게 쌓인 대화의 시간들은 어느새 나에게 작은 변화를 만들어냈다. 다른 팀과의 협업이 훨씬 부드러워졌고, 정보 공유도 자연스러워졌다. 심지어는 전혀 접점이 없던 인사팀과의 스몰토크가 계기가 되어 예기치 않게 좋은 네트워크로 발전했고, 덕분에 여러 인사적 지원을 받을 수 있었다.

BBC에서 다양한 경험을 했지만, 그중에서도 스몰토크가 사회생활에 미치는 영향력은 생각보다 훨씬 크다는 걸 절실히 느꼈다. 가벼운 대화 한마디가 긴장을 누그러뜨리고, 공통의 관심사 위에서 자연스럽게 공감이 형성된다. 그렇게 만들어진 호감은 신뢰로 이어지고, 결국에는 좋은 관계를 만들어 협업과 성과까지 이끌어낸다. 하지만 한국으로 돌아와 보니, 이렇게 장점이 많은 스몰토크가 정작 직장과 비즈니스 현장에서는 철저히 외면받고 있었다.

관계를 시작하는 말

스몰토크는 정말 그렇게 어려운 걸까? 혹은 외국인들만 잘하는 특별한 문화일까? 전혀 그렇지 않다. 나 역시 처음엔 스몰토크를 낯설고 어색하게만 느꼈지만, 그건 대화의 기술이 어려워서가 아니라 오해 때문이었다. 그 오해에는 언어적인 이유도 크다. 우리말에는 'How are you?'나 'Are you alright?' 같은 인사말처럼, 단순한 안부를 넘어 '요즘 잘 지내?' 혹은 '괜찮아요?'라는 뉘앙스를 자연스럽게 담을 표현이 많지 않다. 그래서 스몰토크를 하려다 보면 어딘가 인위적으로 느껴지거나, 갑작스럽게 상대의 개인 영역을 침범하는 기분이 들기도 한다.

예를 들어 처음 만난 사람에게 "요즘 어때요?" "기분이 좀 나아졌어요?" 같은 말을 건넨다면, 오히려 어색한 침묵이 흐르는 경우가 많다. 한국어의 뉘앙스상 그런 표현은 친밀한 관계에서나 자연스럽다. 그래서 우리는 스몰토크를 시도하기 전, 이 문화가 무엇을 위한 것인지부터 이해할 필요가 있다.

영국인들의 인사를 조금 더 들여다보면 흥미롭다. 직역하면 내 상태를 묻는 말처럼 들리지만, 사실 그 속에는 영국인 특유의 '무심한 친절'이 숨어 있다. "Are you alright?"라는 말은 정말로 내 건강이나 감정 상태가 궁금해서 묻는 게 아니다. 그저 대화를 시작하기 위한 첫 물꼬이자, '나는 당신과 이야기할 준비가 되어 있다'는 신호에 가깝다. 이건 경상도 사투리에서 "밥 먹었나?"라고 묻는 것과도 비슷하다. 정말 밥을 먹었는지가 궁금해서 묻는 게 아니라, 말문을 트기 위한 자연스러운 인사말인 것이다.

스몰토크란 어떤 거창한 이야기나 깊은 주제가 필요한 대화가 아니다. 상대방에 대한 작고 가벼운 관심, 혹은 호기심에서 출발하면 된다. 그렇기에 이기는 화법도, 완벽한 스피치 기술도 필요 없다. 스몰토크에 대한 큰 오해 중 하나가 '말을 잘해야 한다'는 생각이다. 하지만 스몰토크는 오히려 대단한 목적이 없는 대화다. 굳이 목적을 붙이자면 '관계를 시작하는 대화' 정도일 것이다. 스몰토크의 핵심은 대화를 주도하거나 화려하게 말하는 데 있지 않다. 방점은 '상호작용', 즉 상대와의 대화에 있다.

대화는 결코 일방적일 수 없고, 주도권을 쥐는 것이 중요하지도 않다. 이건 내가 BBC에서 배우고, 지금도 100번은 강조하고 싶은 부분이다. 스몰토크는 테니스나 탁구 경기 전의 랠리와 비슷하다. 공을 세게 치는 게 목적이 아니다. 던지면 받고, 다시 주고받는 그 리듬 속에서 서로의 거리감이 좁혀진다. 말 그대로 '주거니 받거니', 그 단순한 흐름이 스몰토크의 본질이다.

스몰토크 능력을 보는 기업들

동시에, 지금까지는 스몰토크를 할 때 "제발 힘을 빼세요"라고 강조했다면, 이번엔 반대로 말하고 싶다. 스몰토크를 불필요한 것, 그저 잡담 정도로 치부하지 말라는 것이다. '침묵이 금이다'라는 격언이 오랫동안 내려온 우리나라에서는, 스몰토크가 자칫 '쓸데없는 수다'처럼 여겨지기 쉽다. 하지만 앞서 이야기한 BBC 동료들의 사례처럼, 스몰토크는 쓸모없는 대화가 아니다. 직원들 간의 유대감을 높이고, 서로의 거리를 좁혀주며, 조직 내 소속감을 만들어준다.

요즘 채용시장에서 앞서나가는 기업들은 '스몰토크 능력'을 중요하게 여긴다. 미국에서 급부상 중인 트레이더조Trader Joe's와 더치브로스Dutch Bros는 채용 과정에서 이 능력을 상당히 중시한다. 판매 기술이나 서비스 경험보다 고객과 가볍게 대화를 주고받는 능력이 훨씬 더 중요하다고 보기 때문이다. 짧은 순간에도 따뜻한 농담이나 공감 어린 말 한마디를 건넬 수 있는 직원이 매장의 분위기를 바꾸고, 고객 경험을 특별하게 만든다는 이들의 경영 철학이 반영된 결과다.

가볍지만 중요한 역할을 톡톡히 해내는 스몰토크, 어떻게 하면 좋을까? 스몰토크에 대한 편견부터 깨야 한다. 내가 지속적으로, 또 반복해서 이 이야기를 강조하는 이유는 그만큼 그 편견이 쉽게 사라지지 않기 때문이다. 우리는 대화라면 언제나 내가 멋있고 당당하게 주도하길 원한다. 또, 대화에서 멋지고 센스 있게 보이길 바라며, 기가 막힌 소재를 찾아내려 애쓰곤 한다. 하지만 그 생각은 지금 내려놓자. 스몰토크는 프로젝트 발표나 토론이 아니기에 완벽하게 진행되어야 할 이유가 전혀 없다. 다소 서툴러도 괜찮다. 상대와 통하고 싶다는 진정성이 훨씬 더 중요한 마음가짐이다.

누군가는 날씨나 주변 이야기 같은 소재가 너무 가볍다고 할지 모르지만, 처음 만난 사람에게는 그 정도면 충분하다. 첫 만남에는 소소한 소재 한 가지면 된다. 잘 말하려 애쓰기보다 관계의 물꼬를 트는 '레벨 1' 단계로 생각하라. 실수해도 괜찮고, 실패할 것도 없다. 자연스럽게, 평범한 한 가지 소재로 대화를 시작해보면 된다.

다음은 상대에 초점을 맞추는 것이다. 스몰토크를 잘하려면 상대에게 모든 관심을 집중하는 게 좋다. 우리는 대화를 할 때 흔히 '내가 할 말'에만 신경을 쏟는다. 하지만 '나 자신'이나 '내 말'이 아니라, 대화의 상대에게 집중할 때 비로소 스몰토크는 그 본래의 역할을 다할 수 있다.

스몰토크는 나의 성과나 화려한 무언가를 드러내는 자리가 아니다. 내가 할 말에만 집중하다 보면 상대를 배려하기 어렵다. 내 말에만 신경 쓰면 그것은 더 이상 대화가 아니라 독백이 되어버린다. 그 단계에 이르면 상대는 이미 대화가 아닌 설교처럼 느끼게 되고, 어느 순간 더 이상 당신의 말을 듣고 싶지 않게 된다.

대화가 아니라면 스몰토크의 본래 목적, 즉 좋은 유대감 형성은 이루어질 수 없다. 대화할 때 아이컨택트가 중요하다고 하는 이유도, 나와 내 말에만 몰두하지 않고 상대의 반응을 살피며 그에 맞게 화답하기 위해서다. 그래야 다음에 다시 만났을 때 상대의 성향이나 상태, 좋아하는 것들을 기억해 더 깊은 대화를 이어갈 수 있다. 스몰토크는 '내 중심'의 말하기가 아니라 '상대 중심'의 듣기에서 출발한다. 의식적으로 상대를 먼저 바라보고, 그에 맞춰 반응하려는 노력을 해보라.

'공감하고 경청'하는 것은 스몰토크의 하이라이트라고 할 수 있다. 상대에게 모든 관심을 집중하기로 했다면, 먼저 자신의 말은 짧게 핵심만 전하고 상대의 이야기를 듣는 데 온 힘을 쏟아야 한다. 경청의 힘은 앞서 말했듯이 커뮤니케이션에서 가장 강력한 무기다.

자신의 이야기를 잘 들어주는 사람에게 누구나 호감을 느낀다. 의외로 우리는 상대가 내 말을 잘 듣고 있는지 본능적으로 알아차린다. 따라서 '경청하고 있다'는 모습만 보여도 이미 스몰토크는 절반 이상 성공한 셈이다. 잘 듣고 있다는 신호, 그리고 상대의 말에 공감한다는 리액션은 적극적일수록 좋다. 물론 과하면 오히려 대화의 흐름을 방해할 수 있지만, 고개를 살짝 끄덕이거나 옅은 미소를 짓는 정도면 훌륭한 반응이다.

영국인들은 보기와 달리 리액션의 전문가다. "Really?"(정말요?), "Is that so?"(그래요?), "How interesting!"(흥미롭네요)처럼 짧고 자연스럽게 맞장구를 쳐보라. 조금 더 적극적으로 보이고 싶다면 "That's cool."(멋지네요), "That's awesome."(엄청난데요) 같은 표현을 곁들이는 것도 좋다. 다채로운 리액션은 대화의 감칠맛을 더해주는 적절한 조미료와 같다.

경청하고 있다는 메시지를 상대에게 전달하는 또 다른 방법은 패러프레이징 리액션paraphrasing reaction이다. 상대의 말을 내 방식으로 요약해 문장을 조금 바꿔 다시 말해주는 것이다. 이렇게 하면 내가 그 이야기를 주의 깊게 듣고 있음을 자연스럽게 보여줄 수 있고, 동시에 대화를 더 깊고 풍부하게 이어갈 수 있는 단초가 된다.

스몰토크, 어떻게 훈련할 수 있을까?

누구에게나, 혹은 어떤 상황에서는 특별한 대화 소재를 찾는 능력이 중요하다. 그렇다고 해서 언제나 특별한 주제를 꺼낼 필요는 없다. 먼저는 불호를 살 가능성이 적은 평범한 주제를 사용하는 것이 좋다. 진부해도 괜찮다. 날씨나 교통, 점심 메뉴 같은 이야기는 누구에게나 편하게 다가갈 수 있는 소재다. 이런 이야기들은 특별하지 않지만, 상대를 불편하게 하지 않기 때문에 스몰토크의 시작으로는 충분하다. 대화의 흐름이 이어질 여유가 있다면, 그 안에서 자연스럽게 추가적인 질문을 던지며 대화를 확장해 나가면 된다.

하지만 때로는 조금 더 특별한 소재를 활용해야 하는 순간이 있다. 예를 들어 짧은 시간 안에 호감을 얻어야 하거나, 관계의 첫인상이 결정되는 상황이 그렇다.

그럴 때는 약간의 공식이 있다. 먼저 부정적인 소재는 반드시 피해야 한다. 가령 지지하는 세력이 다를 수 있는 정치 이야기나, 연예인에 대한 가십은 최악의 소재다. 대화는 되도록 긍정적인 방향으로 흐를 수 있는 주제가 좋다. 영국인들이 스몰토크에서 함부로 주말 프리미어리그 경기 이야기를 꺼내지 않는 것도 이 때문이다. 정치보다 더 예민한 문제가 될 수 있기 때문이다.

상대가 나를 평가하는 자리에서는 '평가'가 담긴 소재도 피하는 것이 좋다. 특히 외모나 복장에 대한 언급은 아무리 칭찬처럼 들려도 상대에 따라 불쾌하게 느낄 수 있다. "예쁘시네요", "옷이 잘 어울리세요" 같은 말이 대표적이다. 상대는 '당신이 왜 내 외모를 평가하죠?'라고 느낄 수 있다. 이럴 때는 평가이면서도 중립적이고 기분 나쁠 일이 없는 소재를 고르는게 좋다. "어떤 색상 좋아하세요?", "검정색이 잘 어울리실 것 같은데요" 같은 말은 부드럽고, 평가보다는 취향에 대한 대화로 자연스럽게 이어진다. 어떤 색을 좋아하든 그 자체로 부정적인 의미가 없고, "잘 어울린다"는 표현도 부담 없이 받아들여질 수 있다.

　그래도 마땅한 주제가 떠오르지 않는다면 눈앞에 보이는 소재로 시작하면 된다. 예를 들어 옆에 놓인 물통이나 물컵처럼 사소한 물건이 좋은 출발점이 될 수 있다. "물컵이 굉장히 독특하네요. 손잡이가 없는데도 그립감이 좋네요." 혹은 "물통이 특이하게 생겼네요. 신기하죠?" 같은 말로 시작해보는 것이다. 다소 엉뚱하게 들릴 수도 있지만, 상대는 대게 "그러게요, 정말 그러네요" 하며 맞장구를 칠 것이다. 그렇게 자연스럽게 대화의 문이 열린다.

　눈앞에 보이는 것을 소재로 삼으면 좋은 이유가 있다. 내가 보고 있는 것을 상대도 함께 보고 있기 때문이다. 같은 대상을 공유하니 공감이 쉽게 형성되고, 대화의 흐름도 자연스러워진다. 그래서 스몰토크의 비결 중 하나는 빠르게 상대와 공감대를 형성할 수 있는 소재를 찾는 것이다. 진부한 소재도 괜찮다고 했던 이유 역시 여기에 있다. 날씨나 교통체증, 음식 이야기 같은 주제는 누구나 쉽게 공감하고, 부담 없이 대화에 끼어들 수 있는 소재이기 때문이다.

　마지막으로, 상대와 더 깊고 진정성 있는 관계를 원한다면 과감히 "텔 미 모어Tell me more(더 얘기해주세요)"를 말하라. 네 번째 단계까지 잘 따라왔다면 이제 조금 더 심도 있는 대화를 할 준비가 된 당신일 것이다. 스몰토크를 할 때는 '예스'나 '노'로 끝나는 폐쇄형 질문보다, 주관적인 대답이 나올 수 있는 열린 질문을 하는 것이 좋다.

예를 들어 "액션 영화 좋아하세요?"보다는 "미션 임파서블 보셨어요? 사람들 반응이 엇갈리던데요?"라고 물으면 훨씬 더 풍부하고 자연스러운 대화가 가능하다. 그리고 대화가 한층 깊어졌을 때, 두 사람이 서로의 생각과 감정을 조금 더 나누고 싶다면 이때 "흥미롭네요. 그 이야기 좀 더 들려주세요"라는 리액션을 건네보라.

'더 듣고 싶다'는 표현은 단순히 예의 바른 반응이 아니라, 상대에게 경청하고 있다는 메시지와 함께 그의 이야기가 충분히 가치 있고 흥미롭다는 신호를 준다. 상대는 자신이 존중받고 있다고 느끼며 대화를 더욱 이어가고ㄷ 싶어한다. 커뮤니케이션 연구에서도 이 표현의 효과는 자주 언급된다. '텔 미 모어'는 상대의 발화를 독려하며 공감과 지지를 동시에 전하는, 이른바 '지지 반응support response'의 대표적인 예다.

반면, 대화를 자기 이야기로 돌려놓는 '전환 반응shift response'은 피하는 것이 좋다. 이런 반응은 상대에게 불쾌감을 줄 뿐 아니라, 자칫 자기중심적인 사람이라는 인상을 남길 수 있다. 예를 들어 상대가 "어제 내 남자친구가 전화를 안 받아서 정말 화가 났어"라고 말했을 때, "내 남자친구는 술 먹고 늘 연락이 안 되는 건 다반사야"라고 곧장 자신의 이야기로 바꿔 버리는 경우가 그렇다. 이런 식의 대화는 상대의 감정에 공감하기보다 초점을 자신에게 옮겨버린다. 이런 예시만 봐도 호감도가 얼마나 빠르게 떨어지는지 쉽게 알 수 있을 것이다.

스몰토크는 잡담이 아니라 역량이다. 많은 기업들이 스몰토크 능력이 있는 지원자를 선호하고 있다. 하지만 나는 단지 커리어를 위해 스몰토크를 잘해야 한다고 말하고 싶지는 않다. 좁은 의미에서는 업무나 면접을 위해 스몰토크 기술을 익히는 것도 의미가 있겠지만, 그보다 더 중요한 이유가 있다. 스몰토크를 잘하는 사람이 잘 들어주고, 공감할 줄 알고, 사람냄새 나는 따뜻한 사람으로 느껴지기 때문이다. 그런 사람에게는 본능적으로 끌리게 된다.

스몰토크는 커뮤니케이션의 가장 기본적인 형태이자, 작지만 강력한 관계의 출발점이다. 아주 작은 노력만으로도 내 관계의 지평을 넓힐 수 있는, 일종의 '마법 같은 무기'다. 잘하는 법이나 공식이 있을까? 물론 있다. 그러나 더 중요한 것은 용기다. 무뚝뚝한 영국인들도 해내는 스몰토크를 오늘부터 용기를 내어 시도해보자. 옆자리 동료에게, 엘리베이터를 함께 타는 이웃에게 먼저 말을 건네보자.

김정은 사망 보도를
하지 않은 이유

전 세계를 뒤흔든 코로나19 팬데믹의 여파는 BBC도 비켜가지 못했다. 2020년의 BBC는 그야말로 혼란스러웠다. 재택근무와 사무실 복귀를 반복했고, 이동이 제한되면서 취재 자체가 어려워지자 뉴스 콘텐츠 제작에도 여러 제약이 따랐다.

모든 게 불확실하고 어수선한 그 시기, 4월 중순 무렵 북한 김정은의 건강 이상설이 국내외 언론을 통해 속속 전해지기 시작했다. 처음엔 단순한 건강 이상설이었지만, 불과 일주일도 지나지 않아 '김정은이 심혈관 수술 후 중태에 빠졌다'는 보도가 나왔고, 이어서 '사망했다'는 기사까지 쏟아졌다. 해외 유력 언론들도 이 소식을 연이어 인용 보도했으며, 근거는 대부분 북한 출신 탈북자들의 인터뷰였다. 그들의 증언을 토대로 '최고존엄'의 건강 이상설이 '사망설'로까지 비화된 것이다.

국내 언론도 예외는 아니었다. 외신 보도를 인용해 앞다투어 "김정은 사망" 소식을 긴급 속보로 내보냈다. 시시각각 뉴스 자막이 바뀌었고, 각 채널은 '단독'이라는 타이틀을 달기 바빴다. BBC 역시 분주했다. 그러나 BBC의 움직임은 국내 언론과는 달랐다. BBC는 속보 경쟁에 뛰어들지 않는다. 누가 먼저 전하느냐보다, 얼마나 정확하게 전하느냐에 방점을 둔다. 그래서 회의의 초점도 '우리도 서둘러 사망 보도를 내야 한다'가 아니라, 김정은이 정말 사망했는지 여부를 하나하나 검증하는 팩트체크에 맞춰져 있었다.

모든 언론사에는 '기사작성 준칙Editorial Guidelines'이 있다. 이는 기자들이 기사를 쓸 때 반드시 따라야 하는 원칙이자 규범으로, 언론이 지켜야 할 최소한의 윤리이기도 하다. 이 지침의 목적은 기자가 보도를 할 때 공정성과 객관성을 유지하고, 감정이나 개인적 신념이 개입되지 않도록 하며, 결과적으로 오보·편향·과장 같은 위험을 미연에 방지하기 위함이다.

그중에서도 가장 핵심적인 원칙 중 하나를 꼽자면 '투 소스 룰Two Source Rule', 즉 이중 출처 원칙이다. 이는 뉴스의 근거를 단 하나의 출처에만 의존하지 말고, 반드시 서로 독립된 최소 두 개의 출처를 통해 교차 확인해야 한다는 규정이다. 사실 확인이 어려운 사안이나 파급력이 큰 사건을 다룰 때는 이 원칙이 필수적으로 적용된다. 아무리 그 정보가 설득력 있게 들리더라도, 두 개의 신뢰 가능한 독립적 근거가 확인되지 않으면

BBC에서는 '보도 불가'인 것이다.

북한 관련 기사는 이 '투 소스 룰'을 적용하기 어려운 영역에 속한다. 북한 내부는 철저히 폐쇄되어 있어 외신 기자의 직접 접근이 거의 불가능하고, 대부분의 정보가 탈북자나 대북 소식통의 증언에 의존한다. 그렇다 보니 자연스럽게 추측성 보도가 많아질 수밖에 없다. 때로는 일부 기자들이 '북한 내부 소식통에 따르면'이라는 마법의 문장을 방패처럼 사용한다. 출처가 불분명하거나 교차 검증이 불가능한 정보라도, 이 한 문장으로 마치 신뢰할 만한 보도처럼 포장되는 것이다. 기자 입장에서는 '면죄부'를 얻는 셈이다.

나 역시 부분에서 늘 고민이 많았다. 기사 한 줄을 쓰는 데에도 '이걸 정말 써도 될까?' 하는 의문이 따라붙었다. 직접적인 취재원 접근이 거의 불가능하고, 교차 확인 또한 현실적으로 어려운 구조이기 때문에 그 고충은 충분히 이해된다. 그러나 동시에 그만큼 신중해야 한다는 사실도 누구보다 잘 알고 있었다.

하지만 BBC의 원칙적인 태도는 북한 관련 기사에서도 단 한 치의 예외도 허용하지 않았다. 원칙은 원칙이었다. 그들의 기준은 냉정할 만큼 명확했고, '특수한 사정'이라는 이유로 흔들리지 않았다. 사실 한국 언론사에서 오래 일해온 나로서는 처음엔 답답했다. 회의 시간마다 이런 생각이 들었다.

'그럼 북한 기사 특종은 어떻게 써요? 그렇게 따지고 확인만 하다 보면, 아무 기사도 못 쓰는 거 아닌가요?'

북한처럼 접근이 어려운 나라에 대해선 어느 정도의 추정이나 간접 증언을 기반으로 기사화할 수밖에 없다고 믿었던 내게, BBC의 방식은 비효율적이고 지나치게 형식적으로 느껴졌다. 그러나 에디터와 국장의 반응은 오히려 더 단호했다. 그들은 말했다.

"다른 언론이 보도했다고 해서 그것이 곧 '근거'가 되는 건 아닙니다. CNN이든, NBC든, 그 어떤 유력 매체의 보도라도 그것은 어디까지나 2차 출처일 뿐입니다. 독립적으로 검증되지 않은 이상, 우리 기사에 인용할 수 없습니다."

그들은 BBC의 기사작성 준칙을 다시 꺼내 들며 강조했다.

"우리가 추구하는 건 '가장 빠른 보도'가 아니라 '가장 신뢰할 수 있는 보도'입니다. 타사의 보도를 베껴 쓰는 순간, 우리는 더 이상 BBC가 아닙니다."

원칙에 대한 고집이 신뢰를 낳는다

BBC의 기사작성 준칙에는 다음과 같은 문장이 있다.

We should be reluctant to rely on a single source. If we do rely on a single source, it should be credible, and a named, on-the-record source is always preferable.
우리는 단일 출처에 의존하는 것을 신중히 해야 한다. 만약 단일 출처에 의존해야 한다면, 그 출처는 신뢰할 만해야 하며, 익명이 아닌 공식으로 확인 가능한 출처가 항상 더 바람직하다.

즉, 단일 출처에 의존하는 것은 극도로 신중해야 하며, 불가피하게 단일 출처를 사용할 경우에도 공식적인 근거여야 한다는 뜻이다. 여기서 '공식적'이란, 익명이나 비공식 제보가 아닌 공식 발언이나 문서로 확인 가능한 출처를 의미한다. 이 원칙에 따라 나는 한국의 청와대와 정보 당국에 공식적으로 사실 확인을 요청했다. 답은 한결같았다.

"현재는 북한 내부에서 특별한 동향이 파악되지 않습니다."

대한민국의 정보 당국은 북한 문제에 있어 세계적으로 손꼽히는 전문가 집단이다. 북한 관련 첩보의 상당 부분은 이들의 판단에 의존해도 될 만큼 정확도가 높다. 따라서 그들이 '특이 사항이 없다'고 결론 내렸다면, 실제로 이상이 없는 경우가 대부분이다.

물론 과거 김정일 사망 당시에는 우리 정보 당국도 사전에 이를 포착하지 못했던 전례가 있었다. 하지만 당시 상황을 돌이켜보면, 미국이나 중국조차도 이를 미리 알지 못했다. 그만큼 북한의 정보 차단은 완벽에 가깝다는 뜻이다. BBC가 강조하는 '확실히 검증된 출처가 없으면 보도하지 않는다'는 그 원칙은 북한처럼 불확실성이 지배하는 영역일수록 더욱 신중해야 한다는 사실을 다시금 일깨워주었다.

다시 관련 회의가 열렸다. 내부 지침에 따라, 신뢰할 만한 공식적 출처인 한국 정부의 발표를 근거로 삼았다. 정부는 "북한 내부에서 어떠한 특이 동향도 감지되지 않았다"고 밝혔다. 또한 두 가지 이상의 독립된 출처가 없어 교차 확인이 불가능하다는 판단이 내려졌다. BBC는 김정은 사망설에 관한 기사를 작성하지 않기로 결정했다.

머칠이 지나자 북한은 조선중앙방송을 통해 시찰 중인 김정은의 모습을 공개했다. 국내외 언론이 일제히 오보를 내며 혼란스러워했지만, BBC는 끝까지 원칙을 지킨 덕분에 신뢰를 지킬 수 있었다. 속도보다 정확성을, 경쟁보다 원칙을 택한 결과였다.

'테러'와 '총기 사고'는 다르다

BBC의 형식과 원칙은 이뿐만이 아니다. 한번은 중동 곳곳에서 폭발과 무력 충돌이 이어지며 수많은 사상자가 발생했다. 한국 언론이라면 이런 사건을 보도할 때 거의 예외 없이 '테러'라는 단어를 쓴다. 오히려 그 말을 쓰지 않으면 사태를 가볍게 본다는 오해를 살 정도다.

하지만 BBC는 단어 하나를 선택할 때도 기사작성 준칙을 철저히 따른다. 정치적이거나 종교적인, 혹은 국가 간 무력 충돌과 같은 민감한 사안에서 BBC는 한쪽을 섣불리 '테러'나 '테러리스트'라고 부르지 않는다. '테러리스트'라는 말은 객관적 사실이 아니라 주관적 판단이기 때문이다.

같은 사건이라도 보는 시각에 따라 의미가 달라진다. 어떤 집단은 한쪽에서는 테러리스트로 불리지만, 다른 쪽에서는 자유투사freedom fighter나 저항군resistance으로 불리기도 한다. BBC가 그들을 '테러리스트'로 단정 짓는 순간, 특정 진영의 정치적 입장을 지지하는 꼴이 되어버린다.

그래서 BBC의 원칙은 무엇보다 중립적인 언어 사용을 가장 중요한 기준으로 삼는다. 기자가 직접 판단하거나 단정하지 않고, 맥락과 사실만 보여주어 청중이 스스로 판단하도록 한다. 이 때문에 'terror' 대신 'gun attack', 'terrorist' 대신 'bomber'나 'gunman' 같은 단어를 쓴다. 언론이 가진 영향력이 자칫 특정한 방향으로 기울지 않도록 조심하는 것이다. BBC는 가능하면 프레임을 만들지 않는다. 사건을 해석하기보다 사실이 스스로 말하도록 두는 편이다. 그게 BBC가 세상을 바라보는 방식에 더 가깝다.

BBC에서 내가 쓴 북한 관련 기사로 가장 자주 에디터와 부딪혔던 부분이 바로 '북한을 어떻게 정의하느냐'였다. 나는 토종 한국인이고, 군 복무도 마쳤으며, 국정원에서 북한 관련 정보요원으로 일한 경험도 있었다. 그만큼 북한을 '주적'으로 인식하며 살아왔고, MBC에서 북한 전문기자로 일할 때도 북한을 '악evil'으로 규정하는 데 불편함이 없었다.

하지만 BBC의 에디터는 내 관점이 중립적이지 않다고 지적했다. BBC 기자라면 국적과 상관없이, 설령 기계적이고 형식적으로 보이더라도 중립의 원칙을 지켜야 한다는 것이다. 처음엔 이해하기 어려웠다. 사람이란 지금까지 살아온 방식대로 사고하고 행동하는 게 가장 편한 법이다. 그래서일까. 북한을 중립적으로 바라보는 일은 영어를 배우는 것보다 내게 훨씬 더 어려운 과제였다.

형식은 마음을 담는 그릇이다

일이 아니더라도, 영국에서 살다 보면 이들의 '형식을 중시하는 문화' 때문에 한국인으로서 답답할 때가 많았다. 은행 계좌 하나 개설하는 데도 시간이 꽤 걸린다. 주소 확인용 서류를 우편으로 받아야 하고, 승인까지 대략 3주에서 길게는 한 달이 걸린다. 느려터진 이 절차를 처음엔 이해하기 어려웠다. 그러나 이들은 신원과 주소를 철저히 확인함으로써 금융 사기나 범죄 자금 유입을 막고, 개인의 금융 신뢰도를 명확히 쌓아간다. 그렇게 번거로운 형식이 모두가 안심할 수 있는 금융 환경을 만드는 것이다.

대학 신입생 시절, 국어작문 수업 시간에 조영미 교수님이 하셨던 말씀이 문득 떠올랐다.

"형식은 마음을 담는 그릇입니다."

직장이나 사회생활을 하다 보면, 형식적으로 인사를 건네는 사람을 종종 비난하거나 조롱하는 경우가 있다. "너무 형식적인 거 아니야?", "그렇게 할 거면 차라리 하지 마." 진심이 담기지 않은 인사는 공허한 형식일 뿐이라고, 우리는 쉽게 깎아 내리곤 한다. 하지만 그 '형식'이 없다면 '진정성'조차 담을 수 없다는 아이러니를 교수님은 유쾌하게 꼬집으셨다.

형식을 지키는 원칙이 없다면, 마음속 진정성이 아무리 크더라도 그것을 담아낼 그릇이 없다는 데 누구나 공감할 것이다. 누군가를 좋아하는 마음이 아무리 간절해도, 말로든 글로든, 혹은 어떤 행동이라는 형식으로든 표현되지 않으면 그 마음은 결코 전달되지 않는다.

　형식을 지키는 일이 어려운 이유는 단순하지 않다. 개인이든 조직이든, 형식을 지키는 데는 생각보다 많은 리소스가 든다. 시간과 노력이 들고, 절차가 복잡해진다. 그래서 많은 사람들이 '진심이 더 중요하지 않나'라며 형식을 가볍게 여기지만, 진심을 온전히 전달하기 위해선 그 형식이 꼭 필요하다.

　BBC에서 지켜지는 여러 형식의 원칙들도 단순히 시간만 드는 일이 아니다. 직원들의 치열한 리소스가 투입된다. 작은 인사 한마디, 짧은 스몰토크조차도 마찬가지다. 겉보기엔 사소해 보이지만, 용기와 압박감, 시간과 에너지 같은 수많은 자원이 소모된다. 그렇게 만들어진 형식이야말로 상대에게 존중과 고마움, 그리고 사랑의 마음을 전달하게 한다.

　BBC가 절차와 과정을 집요하게 지켜내는 이유도 여기에 있다. 그 형식이야말로 그들이 지키고 싶어하는 '공정함'과 '신뢰'의 가치를 시청자에게 묵직하게 전달하기 때문이다.

　당신은 지금 누구에게, 어떤 가치를 전달하고 싶은가? 그리고 얼마나 진정성 있게 소통하고 싶은가? 그렇다면 형식적인 인사와 스몰토크, 상대를 수십 번 배려한 언어와 문장, 표현 하나하나를 시도하고 지키는 데 최선을 다하라. '그릇'을 정성껏 빚는 데 투자하라. 그 안에 담긴 당신의 진정성은 반드시 온전히 전달될 것이다.

영어를 잘한다고
유리할까?

주변에서 가장 많이 들었던 질문은 "어떻게 BBC 본사에 들어가게 된 거예요?"였다. 표면적으로는 단순한 궁금증이지만, 그 말 속엔 묘한 뉘앙스가 담겨 있었다. "한국에서도 평범하다면 평범할 수 있는 당신이, 도대체 어떤 수단과 방법으로 전 세계에서 가장 유명한 언론사 중 하나인 BBC에 들어갔느냐"는 의미였다. 물론 그들이 내 능력을 깎아내리려는 의도에서 그런 질문을 한 건 아니다. 다만 지금 돌이켜보면, 나 스스로도 비슷한 생각을 했던 것 같다. 정말 내가, 그 BBC에 입사할 수 있었단 말인가.

외국 기업에 취업하는 데에는 여러 전략이 있지만, 소위 '0번째 전략'이라 불리는 게 있다. 바로 무조건 지원하는 것이다. 글로벌 기업에서 일하는 사람이라면 대부분 공감할 이야기다.

이름값에 주눅 들지 말고, 겁내지 말고 지원해보라는 것. 의외로 해외 취업은 한국 기업에 들어가는 것보다 복잡하지 않다. 채용 과정도 간결하고, 지원자에게 열린 문이 생각보다 넓다.

취업이 그리 간단한가? 어느 지역, 어떤 회사냐에 따라 다르다. 요즘은 미국이나 유럽이 자국민 일자리 보호를 우선하여 비자 장벽을 높이는 추세라 어려워진 것도 사실이다. 하지만 목표를 이루는 길에 어찌 비단길만 있겠는가. 철저한 사전 분석과 노력이 없다면 어떤 성취도 이뤄내기 어렵다. 설령 운 좋게 성취를 이뤘다고 해도, 시간이 지나보면 그것은 당신의 인생에 녹아든 진짜 '당신의 것'이 되지 못할 것이다.

외국계 기업이 한국 기업보다 문턱이 낮게 느껴지는 이유 중 하나는, 의외로 그들이 학벌이나 학점에 큰 관심을 두지 않는다는 것이다. 여기서 종종 오해가 생긴다. 외국계 기업에서 일하는 사람들은 유학파이거나 혹은 영어 잘 하는 엘리트일 것이라는 '이미지' 때문이다. 그런 경우도 있지만, 반드시 그래야만 입사가 가능한 것은 아니다. 오히려 반대다.

한국 대기업들이 학벌이나 학점을 중요하게 여기는 데에는 나름의 변이 있다. 대기업은 보통 1년에 한두 번, 대규모 공개 채용을 통해 신입사원을 선발한다. 그러다 보니 지원자가 수천 명 이상 몰리는 건 흔한 일이다. 이런 상황에서 인사 담당자나 채용 대행 업체가 수많은 지원자의 서류를 일일이 읽고, 각자의 잠재력이나 개성을 세심히 판단하기란 사실상 불가능하다. 그래서 가장 단순하고 정량적인 기준인 '학벌과 학점'이 커트라인의 기준이 된다. 제아무리 자기소개서를 잘 썼더라도, 정량의 칼날 앞에서 스펙이 부족한 지원자는 면접의 기회조차 얻지 못하는 현실이 펼쳐진다.

반면 글로벌 기업은 '정량'의 방식을 최소화한다. 아니, 거의 없다고 봐도 된다. 대졸 신입사원을 대거 모집하는 공개채용 자체가 드물고, 필요할 때마다 직무별로 사람을 뽑는다. 자연스럽게 지원자 수도 적을 수밖에 없고, 그만큼 각자의 이력서나 자기소개서에 적힌 경험과 역량을 꼼꼼히 살펴볼 여유가 있다. 그래서 외국 기업의 채용은 점수나 스펙보다 '무엇을 해봤는가', '어떤 성과를 냈는가'에 초점이 맞춰져 있다.

"BBC에 영어 잘하는 사람은 많아"

학벌 이야기를 조금 더 해보자. 외국 기업에서는 한국의 대학 순위를 모른다. 더 정확히 말하면, 관심이 없다. BBC 면접을 볼 때도, 입사 후 동료들과 일할 때도 내게 학교를 물어본 사람은 단 한 명도 없었다. 물론 옥스퍼드나 하버드처럼 세계적으로 이름이 알려진 학교라면 예외일 수 있다. 하지만 한국 내 대학 간의 서열이 외국 기업의 당락에 영향을 미친다고 생각하는 건, 착각에 가깝다.

그렇다면 스펙을 보지 않는 대신 영어 실력을 중요하게 볼까? 이것 역시 오해가 크다. 영어 능력이 당락을 좌우하는 기준은 아니다. 정확히 말하면, 직무와 조직 구성에 따라 요구되는 수준이 다를 뿐이다. 물론 영어를 잘하면 업무에 유리한 건 사실이다. 하지만 합격과 불합격을 가르는 가장 결정적인 요소냐고 묻는다면, 니는 단호히 아니라고 말하겠다. 가끔 내 BBC 경력을 들은 사람들이 "영어를 네이티브처럼 잘하시나 봐요", "토플이나 토익은 만점이셨겠네요"라며 듣기 민망한 질문을 할 때가 있다. 그럴 때마다 웃음이 나온다. 내 영어 실력을 알면 아마 다들 놀랄 것이다.

언어는 '소통의 수단'이다. 물론 커뮤니케이션의 중요성은 아무리 강조해도 지나치지 않지만, 그것이 곧 언어 실력 그 자체를 의미하진 않는다. 영어를 원어민처럼 잘하더라도 상사의 이메일에 답이 늦거나, 회의 중 동료의 말을 듣지 않고 자기 주장만 늘어놓는다면 그 능력은 아무 소용이 없다. 반대로 완벽하지 않은 영어라도 상대를 존중하며 진심으로 소통할 줄 안다면, 그 사람의 말은 훨씬 강한 설득력을 갖게 된다.

당신이 가진 특별한 능력을 제대로 어필할 수 있다면, 부족한 스펙은 장애가 되지 않는다. 내 경우가 그랬다.

"BBC엔 영어 잘하는 사람은 정말 많아. 하지만 네가 가진 북한에 대한 이해도, 전문성, 그리고 네트워크는 우리에겐 없는 굉장히 특별한 능력이야. 그래서 너를 채용할 수밖에 없었어. BBC 내부에서도 네 채용을 두고 고민이 없던 건 아니야. 너는 한국 정보기관 출신이잖아. 한국이 우리의 우방국이긴 하지만, 정보기관 출신이라는 건 BBC 입장에선 다소 부담이 될 수도 있었거든. 그래도 너의 능력을 포기할 수는 없었어.”

나는 완벽하지 않은 영어 실력, 그리고 다소 부정적으로 보일 수 있는 경력까지도 상쇄시킬 만큼 그들이 보기에 특별한 강점을 가진 지원자였던 것이다. 중요한 건 영어 점수가 아니라, 당신만이 가진 무기다. 동료와 소통이 가능한 정도의 언어 능력이 있다면, 영어는 결정적 요소가 아니라 단지 보조적 수단일 뿐이다.

그렇다면 스펙도 아니고, 영어 실력도 결정적인 요소가 아니라면 그들은 대체 무엇을 보는 걸까?

앞서 말했듯, 글로벌 기업이 가장 중요하게 여기는 건 지원자가 가진 역량과 재능이다. 그 능력을 바탕으로 회사에 얼마나 기여할 수 있는지를 본다. 화려한 스펙보다 실제 현장에서 쓸 수 있는, 말 그대로 ‘실전형’ 능력을 가진 사람을 찾는다.

여기에 한 가지를 더 꼽자면 바로 ‘글로벌 마인드’다. 실무적인 역량만큼이나, 아니 어쩌면 그것보다 더 중요하게 보는 게 이 부분이다. 스펙이나 영어보다 그들은 당신이 얼마나 열린 사고를 갖고, 다양한 문화와 사람을 이해할 수 있는지를 본다.

기자가 아닌데 글을 쓴다고?

‘글로벌하다’는 말은 자칫 추상적으로 들릴 수 있지만, 그들이 말하는 글로벌 인재에는 몇 가지 기준이 존재한다. 다양성Diversity, 협업Teamwork, 그리고 몰입Engagement. 이 세 가지 가치에 공감하고, 실제로 그렇게 행동할 수 있는 사람, 즉 조직의 문화와 철학에 자연스럽게 스며들 수 있는 사람이다. 이른바 조직문화 적합성Culture fit 이라는 개념이 바로 그것이다. 개인의 능력 못지않게 중요하게 보는 요소이기도 하다. 최근에는 글로벌 기업의 운영 방식을 참고하는 국내 기업들 역시 스펙이나 역량만이 아니라 우리 조직의 문화와 맞는 사람인가를 매우 중요하게 평가한다.

나 역시 어디에 내놔도 글로벌한 사람이라 자부했지만, BBC 근무 초반엔 내가 얼마나 '글로벌력'이 부족했는지 뼈저리게 느꼈다. 우리 팀에는 나처럼 기자도 있었고, PD도 있었으며, 영상 촬영을 전문으로 하는 동료도 있었다. 그러던 어느 날, 영상 촬영을 담당하던 동료가 기사를 기획했고 곧 제작에 들어간다는 소식이 들려왔다. 순간 머릿속이 멈췄다.

'기자가 아닌데 기사를 쓴다고? 촬영 전문가가 글로벌 뉴스를 다룰 수 있을까?'

호기심 많은 성격이라 바로 에디터에게 물었다.

"기자가 아닌데 기사를 써도 되나요?"

에디터는 당연하다는 듯 대답했다. "그럼, 물론이지."

오히려 그는 기자가 아닌 영상 전문가의 시선에서 뉴스를 풀어내면 시청자 입장에서 더 새로운 경험을 줄 수 있다고 했다. 그 순간, 다름을 존중하고 역할의 경계에 갇히지 않는 진짜 글로벌한 사고가 무엇인지 깨닫게 되었다.

그의 말대로 BBC에서는 기자가 아니어도 상관없다. PD든,

촬영감독이든, 작가이든 시청자 입장에서 알아야 할 내용이거나 흥미로운 뉴스거리라면 누구나 기사를 만들 수 있다. 포지션은 단지 역할의 구분일 뿐, 아이디어의 자격을 가르는 기준이 아니다.

이들이 말하는 다양성의 가치는 '서로의 영역을 침범한다'는 인식이 아니라, 새로운 시도를 통해 가치를 확장한다는 믿음에 가깝다. BBC의 문화는 이를 한 문장으로 압축할 수 있다.

A story always turns out better when it's seen through different eyes.
이야기는 언제나 다른 시선으로 바라볼 때 더 완성도가 높아진다.

이처럼 BBC는 다름을 경계하지 않고 오히려 그 '다른 시선'이 만들어내는 풍성함을 적극적으로 받아들일 때 더 나은 결과물을 만들어낼 수 있다는 믿음이 조직문화로 정착돼 있다.

BBC는 조직문화뿐만이 아니라 물리적으로도 말 그대로 전 세계 사람들이 함께 일하는, 진짜 글로벌한 공간이다. 다양한 인종과 문화, 언어, 종교가 공존하며 매일같이 서로 다른 배경의 사람들이 협업한다.

어느 날 나는 에디터에게 조심스럽게 물었다.

"모자를 쓰고 와도 괜찮을까요?"

그는 웃으며 말했다.

"섭, 주위를 한번 둘러봐. 우리 동료들이 어떤 모자를 쓰고 있는지 봐봐.”

그제야 주변을 살펴보니, 종교적 이유로 터번을 두른 사람, 히잡을 쓴 사람, 혹은 아무 제약 없이 자신만의 스타일을 표현하는 동료들까지 모두 같은 공간에서 자연스럽게 일하고 있었다. 그제야 내가 한 질문이 얼마나 생각이 짧았는지 깨달았다.

컬처핏에 대한 오해

컬처핏이라고 하면 많은 사람들이 오해한다. 글로벌 기업에서 말하는 컬처핏은 조직에 나를 억지로 맞추라는 뜻이 아니다. 오히려 내가 가진 개성과 역량을 충분히 발휘하면서도, 동료를 존중하고 인정하며 함께 일할 수 있는 사람을 말한다. 즉, 자신의 의견을 자유롭게 내되, 타인의 시각을 배척하지 않는 태도다. 조직의 문화 안에서 ‘같아지려는 사람’이 아니라, 다름을 존중하며 조화를 만들어내는 사람이 컬처핏에 가깝다.

능력이 아무리 뛰어나도 ‘나만 옳다’는 태도를 가진 사람은 팀을 어렵게 만든다. 반면, 스스로의 색을 유지하면서도 팀워크를 해치지 않는 사람은 언제나 함께 일하고 싶은 사람이 된다. BBC에서 일하며 본 ‘일 잘하는 사람’들은 대부분 이런 사람들이었다.

글로벌 기업에서 일하는 사람이라면 남들과 다른 나만의 능력과 특성, 즉 ‘명확한 색깔’을 갖기 위해 끊임없이 노력해야 한다. 이곳에서 인정받는 기준은 단순한 근면함이 아니라 결과물로 이야기할 수 있느냐에 달려 있다. 남들과 똑같이, 정해진 일을 성실히 해내는 것만으로는 유능한 사람으로 평가받기 어렵다. 오히려 자신만의 시각이나 번뜩이는 아이디어, 문제를 해결하는 새로운 접근법을 보여줄 때 비로소 동료들은 당신을 인정하고, 함께 일하고 싶어한다.

'회의'는 자신의 역량을 보여줄 수 있는 가장 좋은 무대다. 당신이 생각하는 것보다 그들은 훨씬 진지하게 당신의 이야기를 들을 준비가 되어 있다. 다만 그 기회는 스스로 잡아야 한다. 회의에서 뒤에 숨거나 침묵으로 머문다면, 그 누구도 당신의 순서를 대신 만들어주지 않는다. 당신의 필살기를 준비하고, 기회가 올 때 주저하지 말고 꺼내라. 동시에 동료들의 이야기도 진심으로 듣고 공감해야 한다. 경청과 다양성의 존중이야말로 진짜 글로벌 인재의 기본이다.

글로벌 기업들은 '정답을 이미 알고 있는 사람'보다 '함께 다양한 답을 찾아가는 사람'을 원한다. 완벽한 영어도, 완벽한 스펙도, 완벽한 타이밍도 이 세상에 존재하지 않는다. 해외 취업이라는 목표가 멀고 복잡해 보일지라도, 시작하는 사람이 기회를 잡는다.

대화는 이기기 위해 하는 게 아니다.

좋은 관계를 쌓기 위해 하는 것이다.

관계가 돈독해질 때를 떠올려보자.

언제 마음이 열리는가?

바로 서로의 개인적인 이야기를 나눌 때다.

그 안에서 친밀감이 자라난다.

대화를 잘하는 사람은 누구를 흉내 내지 않는다.

자기다운 언어로, 진심을 담아 이야기한다.

5장.

리더의 품격을 세우는
대화 습관

회장님도 브랜딩이 필요합니다

리더의 말은 회사의
얼굴입니다

"섭아, 시간 되니?"

방송국 선배에게 연락이 왔다. 나는 BBC에 재직 중이었고, 코로나19로 잠시 한국에 들어와 있던 시기였다. 선배는 선거를 앞둔 정치인의 개인 브랜딩 컨설팅을 부탁했다. 나는 그런 일을 해본 적이 없었지만, 선배는 "너라면 잘할 것 같다"며 내게 맡겼고, 나는 마지못해 승낙했다.

기밀상 구체적인 내용은 밝힐 수 없지만, 내가 맡은 역할은 대중에게 자주 노출되는 인물의 '이미지'를 잡아주는 일이었다. 어떤 톤으로 말할지, 헤어스타일과 복장은 어떻게 할지 등 총체적인 관점에서 의견을 드렸고, 다행히 내 제안이 그대로 받아들여졌다. 후에 선배에게 "클라이언트가 굉장히 만족했다"는 연락을 받고선 뿌듯함과 기대감 사이의 묘한 기분이 들었다.

이런 일을 PI라고 부른다. 한국에서는 아직 생소한 개념이다. 대신 CICorporate Identity(기업의 정체성)라고 하면 익숙할 것이다. CI는 회사의 철학, 비전, 가치, 그리고 이를 시각적으로 드러내는 로고 등 '브랜드의 바탕'을 말한다. 이 CI에서 '기업'을 '대표'나 '리더'로 바꾼 것이 PI다. 한 사람의 정체성을 전략적으로 설계하고 표현하는 일이다. 기업의 CI가 '브랜드의 얼굴'을 만드는 일이라면, PI는 '사람의 존재감'을 설계하는 일이다.

여기서 많은 오해가 생긴다. PI라고 하면 종종 '이미지 메이킹' 정도로 생각한다. 겉모습을 다듬고, 말을 좀 더 세련되게 하고, 스타일링을 하는 일이라고 여기는 것이다. 하지만 PI의 본질은 꾸미기나 연출이 아니라 '정체성의 명확화'에 있다. 퍼스널 브랜딩이 '나를 알리는 일'이라면, PI는 '어떤 모습으로 기억되고 신뢰받아야 하는가를 설계하는 일'이다. 즉, 외부의 이미지가 아니라 내부의 정체성에서 출발한다. 정체성이 선명해야 말과 행동, 표현이 하나의 흐름으로 이어지고, 그 흐름이 일관성을 만든다. 그리고 그 일관성이 신뢰가 된다. 이 '일관성'이 바로 리더십의 언어다.

PI라는 개념은 미국 정치권에서 먼저 체계화되었다. 대통령과 후보들은 전문 컨설턴트와 함께 대중의 인식, 언어, 이미지, 상징을 통합적으로 설계했다. 오바마 대통령의 사례가 대표적이다. 정책의 공과와 별개로 우리는 그를 '첫 흑인 대통령', '친근한 친구 같은 리더'로 기억한다. 청소 노동자와 주먹 인사를 하는 장면, 농구를 즐기는 모습, 유머러스한 멘트까지, 오바마라는 사람에게 자연스럽게 어울리는 이미지이자, 전략적으로 설계된 아이덴티티다.

트럼프 대통령도 찬가지다. 즉흥적이고 예측 불가능해 보이지만, 큰 틀로 보면 일관된 전략이 있다. 예를 들어, 그를 떠올리면 '네이비 정장에 빨간 넥타이'를 맨 모습이 자연스럽게 연상된다. 빨간색은 공화당과 MAGA를 상징하는 색이다. '어디서든 일하는 대통령'이라는 이미지를 구축하려는 의도이기도 하다. 만약 그가 갑자기 점잖고 정중한 신사처럼 변모한다면, 오히려 설득력이 떨어질 것이다. 아이덴티티와 행동이 어긋나기 때문이다.

과거에는 그저 추구하는 이미지를 정해놓고 사람을 그 이미지에 맞게 만들어가는 방식이 많았다. 이를 테면 스티브 잡스처럼 공식석상에서 캐주얼한 옷을 입는다거나 유재석 씨처럼 선행을 한다거나 하는 식이다. 하지만 오바마와 트럼프의 사례에서 알 수 있듯이 PI는 다른 사람의 이미지를 차용해서 만드는 것이 아니라 그 사람이 가진 고유한 특성과 캐릭터를 발견하고 다듬는 일에 더 가깝다.

사람을 보고 구매를 결정한다

PI의 중요성이 커진 결정적 계기가 있다. 스마트폰과 SNS의 등장이다. 과거에는 유명 인사나 기업인의 개인적인 일상, 태도, 언행을 알 길이 없었다. 하지만 지금은 인스타그램을 통해 그들이 어떤 집에 사는지, 누구를 만나고 어디서 밥을 먹는지, 어떤 취미생활을 가지는지를 알 수 있다. '블라인드' 앱을 통해 회사 리더에 관한 사담이 공유되기도 한다. '어느 회사의 누가 어디서 갑질을 했다더라' 같은 소식이 인터넷 커뮤니티나 SNS를 통해서 퍼지면 소비자들은 그 회사의 제품에 대해 불매운동을 벌이기도 한다.

소비자는 이제 제품의 기능만 보지 않는다. 그 제품을 만든 사람의 가치관과 태도까지 함께 소비한다. 예를 들어 친환경 제품을 구입했는데, 그 제품을 만든 회사의 사람들이 정작 친환경이라는 가치에 반하는 행동을 한다면, 소비자는 그 제품의 진정성을 신뢰하지 못한다. 기술보다 사람을 먼저 본다는 점에서, 소비의 기준이 '기능'에서 '철학'으로 옮겨가고 있는 것이다.

반대로, 리더의 정체성과 메시지가 브랜드의 이미지와 맞아떨어질 때는 강력한 시너지가 생긴다. 애플의 스티브 잡스가 대표적인 예다. 그의 제품 발표는 하나의 공연이었고, 청바지와 블랙 터틀넥은 단순한 패션을 넘어 애플의 철학을 상징했다. 사람들은 제품을 살 때 단순히 기술을 산 게 아니었다. 그들은 '잡스의 세계관'을 함께 샀다. 그래서 삼성이나 소니, 파나소닉 같은 다른 전자기기 브랜드와 달리, 애플의 소비자에게는 '고객'이 아니라 '팬'이라는 단어가 더 어울렸다.

한국에서도 이런 변화가 서서히 시작됐다. 2000년대 이후 한국에서 가장 성공적인 창업가 중 한 명으로 꼽히는 APR의 김병훈 대표는, SNS 릴스 영상을 적극적으로 활용하며 인플루언서 못지않은 영향력을 발휘하고 있다. 신세계의 정용진 회장, SK의 최태원 회장 등도 인스타그램을 통해 대중과 소통하기 시작했다. 당시만 해도 "대기업 오너가 인스타를 한다고?"라는 반응이 나올 만큼 파격적인 시도였다. 다만 아직은 전문적인 PI 차원이라기보다는, 개인적인 소통 창구로 활용되는 정도다. 그럼에도 불구하고 '리더 개인이 브랜드의 일부가 되는 흐름'이 이미 현실로 다가왔다는 점에서 의미가 크다.

한국에서는 아직 PI가 긍정적인 효과를 극대화하기보다는, '구설수 방지'라는 리스크 관리 차원에서 다뤄지는 단계에 머물러 있다. 여기에는 분명 한국적 맥락이 있다. 미국에서는 강한 개성과 자기표현이 리더십으로 받아들여지지만, 한국에서는 지나친 자기노출이나 과장된 리더십이 오히려 반감을 사기 쉽다. '괜히 긁어 부스럼 만들지 말자'는 인식이 여전히 남아 있는 것이다.

하지만 큰 흐름은 변하지 않는다. 사람들은 이제 기업의 '사람'을 본다. 기업 간 경쟁이 치열해지고 전문성이 높아질수록, 리더는 회사 내부에서 결재만 하는 존재가 아니라 외부에서 메시지를 전하고 신뢰를 쌓는 사람으로 변화하고 있다.

특히 규모가 작은 기업이나 스타트업의 경우, '사람이 곧 브랜드'라는 말이 더욱 실감 난다. CEO가 유튜브나 SNS를 통해 자신을 드러낼수록, 그 존재감이 곧 회사의 신뢰와 성과로 이어진다. 브랜드의 중심에는 언제나 '사람'이 있다.

PI 컨설팅을 시작하다

2015년 무렵, 한 PR회사 대표를 만난 적이 있다. 그 회사에는 기업 리더를 대상으로 언론 대응법, 인터뷰 전략, 스피치 훈련 등을 제공하는 프로그램이 있었다. 당시엔 '리더에게 커뮤니케이션을 가르친다고?'라는 생각이 들 만큼 낯선 개념이었다. '돈을 버는 방식이 참 다양하구나' 싶어 흥미롭게 듣고 넘겼지만, 그때는 내 일과는 별다른 관련이 없어 보였다.

그러다 앞서 말한 첫 PI 프로젝트를 경험하면서, 그때의 기억이 다시 떠올랐다. 코로나19로 미래에 대한 고민이 많던 시기였는데, 예상 밖으로 좋은 평가를 받으니 마음이 달라졌다.

'이거, 진짜 일이 될 수도 있겠는데?'

처음엔 단순한 호기심이었지만, 그때부터 나는 이 일을 조금 더 진지하게 바라보기 시작했다. 그리고 정말 뜻밖의 기회가 찾아왔다. 어느 날, 엘리베이터에서 중학교 후배를 우연히 만났다. 반가운 마음에 이런저런 근황을 나누다 내가 말했다.

"요즘 리더들 PI를 좀 해볼까 생각 중이야."

그러자 그가 웃으며 답했다. "그럼 나 좀 해줘."

그는 스타트업의 CEO였다. 그 말 한마디로 새로운 일이 시작됐다. 우리는 일주일에 한 번씩 만나 그의 메시지, 모두발언, 보도자료 문구, 스피치 원고를 함께 다듬었다. 때로는 대화로만 끝나고, 때로는 한 문장을 놓고 몇 시간을 고심하기도 했다. 반응은 기대 이상이었다. 처음엔 몇 번만 도와줄 생각이었지만, 6개월 계약으로 이어졌다. 짧은 실험이 될 줄 알았던 일이, 내 커리어의 새로운 장을 열기 시작한 것이다.

PI에 만족했던지, 그 대표는 나를 다른 회사의 CEO에게 소개했다. 이번에는 바이오 기업이었다. 대중적인 마케팅을 활발히 하는 회사는 아니었지만, 새로 부임한 CEO가 현상에 머무르지 않고 새로운 시도를 해보려는 사람이었다. 그러던 차에 나를 만난 것이다.

어느 날 매거진 인터뷰 기사가 예정돼 있어 내가 원고를 검토하게 됐다. 내용을 보니, 어느 대학을 나왔고 어떤 일을 했는지 등 나무위키에서 단번에 찾을 수 있는 정보들로만 채워져 있었다. 그래서 이렇게 제안을 드렸다.

"대표님, 이런 내용보다는 이 일을 하면서 행복했던 순간이나, 직원들과의 기억에 남는 에피소드 같은 개인적인 이야기를 더 넣어보세요."

함께 이야기를 나누면서 알게 됐다. 그는 자신이 어떤 사람으로 인식되고 싶은지, 스스로도 명확히 정리하지 못하고 있었다. 하지만 대화를 이어가다 보니 잊고 지냈던 사소한 기억들이 하나둘 떠올랐다. 누군가에게는 별것 아닌 장면이었겠지만, 그에게는 삶을 돌아보게 한 의미 있는 순간들이었다.

그런 시간을 거치며 우리는 그가 '무엇을 중요하게 생각하는 사람인지', '어떤 가치관을 가진 리더인지'를 함께 찾아갔다. 그렇게 다듬은 원고를 잡지사로 보냈다. 편집장은 '새롭다'며 아주 만족해했다. 그 반응에 대표는 미소를 지었고, 나는 그 표정을 지금도 또렷이 기억한다.

이후로도 나는 PI를 따로 영업한 적이 없었다. 그런데 소개에서 소개로 이어지며, 스타트업부터 중견기업, 대기업 리더들까지 만나게 되었다. 놀라웠던 건 업종이나 규모와 상관없이, 모든 CEO가 한결같이 PI를 원했다는 사실이다. 오히려 내가 감당하지 못해 거절해야 할 때도 있었다. 그때 깨달았다. "아, 리더라면 누구나 '어떻게 보일 것인가'를 고민하고 있구나."

더 이상 CEO만의 이야기가 아니다. 지금은 누구나 SNS를 통해 자신만의 브랜드를 만들어가는 시대다. 회사보다 더 유명한 마케터, 요리사, 개발자, 디자이너가 이미 많다. 블로그든, 유튜브든, 인스타그램이든 우리는 이제 회사의 명함보다 '내 이름'으로 존재하는 시대에 살고 있다. 그리고 그 이름 뒤에는 언제나 '나'라는 브랜드가 따라다닌다.

그렇다면 질문해보자. 당신이 타인의 머릿속에 세 단어로 기억된다면, 어떤 단어로 남고 싶은가? 당신의 PI는 이미 형성되고 있다. 그걸 '내가 설계하고 있느냐' 혹은 그냥 흘러가고 있느냐의 차이다.

모든 리더들의 고민, 대화력

PI 컨설팅을 하다 보면 오너나 대표들이 공통적으로 하는 고민이 있다. 바로 "말을 잘하고 싶다"는 것이다. 리더의 자리에 오르면 대부분의 일은 말을 통해 이뤄진다. 구체적인 실무보다, 회사 안팎에서 사람을 만나고 설득하고 조율하는 시간이 훨씬 많다. 말을 잘하고 싶다는 욕망은 너무나 자연스럽다. 하지만 여러 회장님들과 대화를 나누며 한 가지를 깨달았다. 그들이 말하는 '말을 잘하고 싶다'에는 단순한 화술의 문제가 아니라 권력에 대한 의지가 담겨 있다는 것이다.

권력이란 단순히 경제적이거나 정치적인 의미에만 한정되지 않는다. 과거에는 '자리'가 곧 권력이었다. 높은 학벌이나 사회적 배경을 가진 사람들이 그 자리를 독점했고, 권력은 계급의 형태로 작동했다. 하지만 지금은 다르다. 인스타그램과 유튜브 같은 플랫폼을 통해 누구든, 어디에 있든, 전 국민에게 자신을 노출할 수 있는 시대가 되었다. 그 전파력 자체가 곧 새로운 형태의 권력이다. 리더들은 그 변화를 본능적으로 감지한다. 그래서 그들이 "말을 잘하고 싶다"고 말할 때, 그 말 속에는 단순한 화법의 문제가 아니라 '영향력'에 대한 욕망이 숨어 있다고 생각한다.

젠슨 황, 이재용, 정의선 회장의 '깐부치킨 회동'은 그 상징적인 장면이다. APEC을 맞아 세계의 리더들이 한국을 찾았지만, 그날의 주인공은 트럼프 대통령도 시진핑 주석도 아니었다. 수많은 사람들이 카메라를 들고 지켜보는 가운데, 편안한 복장으로 치맥을 즐기며 웃고 대화하는 세 리더들이었다. 그들의 말과 태도, 표정과 제스처는 일종의 메시지였다. 긴 공식 담화보다 훨씬 더 강렬한 장면이었다.

이처럼 말을 잘하고 싶다는 욕망은 '노출의 시대'에 필요한 경쟁력으로 이어진다. 그래서 기업 대표나 경영인들이 "말을 잘하고 싶어요"라고 말할 때, 그 안에는 권력 의지가 담겨 있다. 그리고 실제로 리더의 말은 회사의 성과와 직결된다.

대화의 목적은 이기는 게 아닙니다

"말을 잘하고 싶어요."

이 말을 듣게 되면 나는 되묻는다. "어떻게 잘하고 싶으신가요? '저 사람은 말을 참 잘하네'라고 느껴질 때, 당신 머릿속에는 누가 떠오르나요?"

그들의 반응을 종합해보면 한 가지 공통점이 있다. 이기고 싶다는 것이다. 여기서 말하는 이긴다는 건 논쟁에서 상대를 꺾는다는 의미가 아니다. 상대를 내가 원하는 방향으로 움직이게 만드는 힘, 즉 영향력의 문제다. 논리적으로 밀리지 않는 화법, 카리스마로 분위기를 장악하는 화법, 대화의 주도권을 쥐는 기술, 혹은 꼰대처럼 보이지 않으면서도 자신의 인사이트를 자연스럽게 전달하는 방식. 표현의 형태는 제각각이지만, 그 근원에는 공통된 욕망이 흐른다. 조직에서 지위가 높을수록, 리더일수록, '사람을 움직이는 말'을 하고 싶어 한다.

주도적이고 공격적인 말하기 방식에는 분명 매력이 있다. 선거 기간만 봐도 그렇다. 국민들은 카리스마 있고 자신감 있게 말하는 사람에게 매력을 느낀다. 하지만 '이기는 화법'에는 우리가 간과하는 대전제가 있다. 사람들은 대체로 '내가 어떻게 말하는가'에만 집중한다. 그래서 더 중요한 것을 놓치곤 한다. 말을 잘하려다 보니 정작 대화를 못한다는 점이다.

말이 일방적인 전달이라면, 대화는 상호적인 흐름이다. 누군가와 함께 문제를 해결하고 싶다면 말을 잘하려 하기보다, 대화를 잘해야 한다. 원만한 대화가 이어져야 문제도 풀리고, 비즈니스도 이뤄지며, 무엇보다 관계가 더 좋은 방향으로 발전한다. 말을 잘하는 건 하나의 수단일 뿐이다. 그 본질인 '대화'보다 앞설 수 없다. 그런 상태에서 '이기는 화법'을 가지려 한다면, 그것은 리더에게 독이 될 가능성이 높다.

세상은 '굿 스피커'가 아니라 '굿 커뮤니케이터'를 원한다

사람들이 '대화'를 건너뛰고 '이기는 화법'에만 집착하게 된 이유 중 하나는 미디어의 영향이 크다고 본다. 정치·경제·사회·문화 등 모든 분야에서 하루 종일 쟁론이 벌어진다. 특히 국회의원들이 의견을 개진하거나 토론하는 장면을 뉴스 콘텐츠로 보다 보면, 실소가 나올 때가 많다. 서로의 말을 듣지 않고 고성을 지르며, 대화는 사라지고 말싸움만 남는다. 언론도 이 장면을 기다렸다는 듯 소비한다. '누가 누구를 박살냈다', '논리로 제압했다' 같은 자극적인 제목으로 클릭 수 경쟁을 벌인다. 민주주의의 산실이자 토론의 장이어야 할 의사당은 그렇게 승자와 패자만 남는 전쟁터로 묘사된다.

그 결과, 사회 전반에서 벌어지는 거의 모든 현상과 문제들이 '옳고 그름', '내 편과 네 편'의 구도로 나뉘게 되었다. 상대의 의견은 틀렸다고 단정하고, 공격적이고 이기적인 화법이 일상처럼 난무한다. 우리는 그 장면들에 무의식적으로 중독되어, 카타르시스를 느끼며 열광하고 있는지도 모른다. 이런 환경 속에서 우리는 '이겨야 한다', '상대를 찍어 눌러야 한다', '경청은 하지 않아도 된다'는 왜곡된 화법의 논리에 익숙해진다. 내 의견만 압도적으로 드러나면 된다는, 소위 '이기는 화법'을 능력의 표현으로 착각하는 사람들이 늘어가고 있다.

회의 자리에서 논리적으로 상대의 의견을 조목조목 반박해 내 주장이 더 우월하고 합리적인 것처럼 보일 때, 분명 쾌감과 카타르시스가 남는다. 나보다 경험이 짧거나 직위가 낮은 직원 앞에서 일장 연설을 하며, '나를 통해 큰 인사이트를 얻었겠지'라는 착각에 빠질 수도 있다. 그 순간의 도파민 분비는 확실히 짜릿하다. 하지만 그뿐이다. 잠깐의 우월감과 심리적 만족감은 남을지언정, 대화를 통해 얻은 실질적인 결과는 없다. 오히려 잃는 것이 더 많다. 가장 큰 손실은 관계다. 그 여파로 문제 해결이나 협업, 나아가 비즈니스의 기회는 사라질 가능성이 높다. 자칫하면 외골수로 낙인찍혀, 주변에 사람이 남지 않을 수도 있다.

공격적이고, 대화의 분량을 경청 없이 독식하던 사람들이 소위 먹히던 시대가 있었다. 카리스마 있고 논리만 맞으면 고성을 질러도 능력자로 추켜 세워주던 때도 있었다. 하지만 이제는 모두 옛이야기다. 그 시절엔 인사이트와 경험이 '더 배운 사람', '더 나이가 많은 사람', '지위가 높은 사람'에게서 나온다고 여겼다. 그런 인식이 팽배했기에 대화는 자연스레 일방향으로 흘렀다.

하지만 인터넷과 AI가이 등장하면서 '정보의 비대칭성'은 급격히 줄어들었다. 선생님보다 챗GPT가 더 빠르고 정확하게 답을 내주고, 전문 지식에도 손쉽게 접근할 수 있는 시대가 된 것이다. 이제 사람을 통해 특별한 지식을 얻는 일은 더 이상 특별하지 않다. 그럴듯한 말, 정답 같은 언어에 감동받지 않는 시대다. 왜냐하면 챗GPT에 묻기만 하면 정답은 더 빠르고, 더 깊고, 더 넓게 얻을 수 있기 때문이다.

그렇다면 질문이 생긴다. 논리로 무장해 '내가 정답이다'라고 말하는 사람과 과연 대화를 나누고 싶을까? 심지어 사람들은 AI와 대화를 하면서도, 그 기계적인 공감 화법에 감탄하며 "사람보다 낫다"고 말하곤 한다. 그렇다. 사람들은 AI에게조차 공감과 경청, 그리고 함께 대화를 이어가는 태도에 감동한다. 그런 현상은 곧, 사람과 사람 사이에서도 이제 정답이나 논리가 아닌 '관계 맺음'과 '건강한 상호작용'이 대화의 본질이 되었음을 보여준다. 사람들은 굿 스피커good speaker가 아니라, 굿 커뮤니케이터good communicator를 원한다.

따라하지 말고 '나답게' 이야기하세요

그렇다면 대화를 잘하려면 어떻게 해야 할까?

많은 사람들이 "나는 말을 잘 못한다"고 생각한다. 그러나 실제로는 '말을 잘한다'의 기준을 잘못 세운 경우가 많다. 요즘 사람들은 논리적으로 상대를 이기는 것을 '말 잘하는 것'이라고 착각한다. 하지만 대화는 이기기 위해 하는 게 아니다. 좋은 관계를 쌓기 위해 하는 것이다. 관계가 돈독해질 때를 떠올려 보자. 언제 마음이 열리는가? 바로 서로의 개인적인 이야기를 나눌 때다. 그 안에서 친밀감이 자라난다. 대화를 잘하는 사람은 누구를 흉내 내지 않는다. 자기다운 언어로, 진심을 담아 이야기한다.

많은 사람이 말을 빨리 하는 것을 '말을 잘하는 것'이라고 생각한다. 그러다 보니 목소리가 작거나, 말을 천천히 하거나, 단답형으로 말하는 사람은 '말을 못한다'고 여긴다. 하지만 그것은 학습된 이미지일 뿐이다. 언변이 좋아서 대화를 독점하면 겉으론 '말 잘하는 사람'처럼 보일지 몰라도, 정작 대화의 목적은 이루지 못하는 경우가 많다. '말로 분위기를 휘어잡아야 한다'는 생각을 내려놓자. 대화를 잘하려면, 말을 잘하는 사람보다 대화를 잘 이끄는 사람이 되는 데 초점을 맞춰야 한다.

"나답게 이야기하시면 됩니다"라고 하면 늘 같은 대답이 돌아온다. "어떻게요?"

한국 사람들은 유독 '나답게 말하는 것'을 어려워한다. 자기표현에 소극적인 문화적 배경도 있고, '나다운 게 과연 매력일까?' 하는 불안도 있다. 하지만 더 큰 이유는 '나다운 게 무엇인지조차 모르는 경우가 많다. 그래서 대화를 잘하기 위해 가장 먼저 해야 할 일은 '내가 어떤 사람인지 아는 것'이다. 일상 속의 나와 대중 앞의 내가 크게 다르지 않아야 오래 간다. 억지로 만든 이미지는 금세 드러난다. '말을 잘하고 싶다'는 욕망은 '대화를 잘하고 싶다'로, '저 사람처럼 되고 싶다'는 마음은 '나는 어떤 사람인가'로 방향을 바꿔야 한다.

"자기소개를 해보세요"라고 하면 대부분은 경력을 읊는다. 하지만 경력은 '나'라는 사람을 대변하지 못한다. '나'를 알기 위한 방법으로, 나는 마인드맵을 써보게 한다. 어릴 때 어디에서 살았는지, 누구와 어떤 추억을 쌓았는지, 혼자 있을 때는 무엇을 즐기는지 등 고향, 가족, 취향, 기억을 중심으로 떠올려 적어보게 한다. 이렇게 완성된 마인드맵을 보면 좀 더 객관적이고 구체적으로 나를 이해할 수 있다. 그리고 그중에서 어떤 면을 부각할지 스스로 선택할 수 있다.

또 다른 방법도 있다. 가장 가까운 가족이나 부하직원, 혹은 자녀에게 "아빠(엄마)는 어떤 사람 같아?"라고 물어보는 것이다. 그 대답을 들어보면 놀라울 정도로 정확하다.

이 두 가지만 해도 나의 성향, 내가 숨기고 싶은 것, 드러내고 싶은 것이 자연스럽게 드러난다. 그리고 이 과정을 거친 후 다시 자기소개를 해보면, 전보다 훨씬 자연스럽고 진정성 있게 나를 이야기할 수 있다.

예를 들어 '차$_{tea}$ 좋아한다'라는 주제가 있다고 가정해보자. PI를 설계할 때는 이 한 가지 취향에서부터 정체성을 확장시킬 수 있다.

A 대표님, 영국 차를 좋아하시나 봐요? 영국에 가보셨어요?

B 네, 제가 영국에서 대학원을 나왔거든요. 그때 차를 자주 마시다 보니 이제는 습관이 됐어요.

이런 대화 속에서 자연스럽게 '영국'이라는 키워드를 입힐 수 있다. 예를 들어 영국 브랜드의 클래식한 복장을 즐겨 입는다거나, 직원들에게 문을 잡아주고 엘리베이터에서 '열기' 버튼을 눌러주는 세심한 행동들이 모두 영국적인 이미지로 이어진다. 이렇게 개인의 취향과 습관을 통해 매력적인 정체성이 완성되는 것이다.

단정한 외모와 정확한 말투만으로 대화를 잘할 수 있는 것은 아니다. 다시 '깐부치킨 회동' 장면을 떠올려보자. 고급 정장을 입고 준비된 멘트를 하는 이재용 회장과 캐주얼한 복장으로 활짝 웃으며 유머를 나누는 이재용 회장, 어느 쪽이 더 인간적이고 매력적으로 느껴지는가? 물론 공적인 자리에서는 격식을 차려야 한다. 그러나 일상에서 말을 잘하고 싶다면 후자의 모습, 즉 자연스러운 인간미가 묻어나는 태도가 더 기대가 되는 건 비단 나 혼자만의 생각은 아닐 것이다.

때로는 보이는 것이 전부다

"보이는 게 다가 아니야. 사람은 속을 봐야지."

우리는 입버릇처럼 이렇게 말한다. 틀린 말은 아니다. 그런데 정작 우리가 사람을 처음 만나는 대부분의 장면을 떠올려 보면 어떨까. 소개팅 자리, 첫 미팅, 첫 회의, 첫 인사처럼 관계의 시작점에 있는 순간들에서 우리가 가장 먼저, 그리고 가장 크게 의존하는 것은 언제나 1차적인 시각 정보다. 상대의 얼굴, 표정, 옷차림, 자세, 제스처. 이 모든 요소가 한순간에 묶여 우리에게 전달되고, 우리는 그것을 '첫인상'이라고 부른다.

소개팅이나 첫 미팅에서 우리가 정말로 상대의 내면을 보고 있을까? 그럴 시간 자체가 없다. 그래서 마케팅에서도 '첫인상 효과'를 매우 중요한 개념으로 다룬다. 심리학에서는 이를 초두 효과Primary Effect라고 부른다. 한 번 형성된 인상은 그 다음에 접하는 정보들까지도 모두 그 틀 안에서 해석하게 만든다.

"왜 아이폰을 쓰세요?"

스마트폰은 이름 그대로 '스마트'한 전화다. 인간의 뇌 회로처럼 복잡한 칩과 구조, 수많은 기능들이 안에 들어 있다. 하지만 앞선 질문에 대해 "이런 기능이 좋아서요"라고 답하는 사람은 일부 테크 매니아들뿐일 것이다. 일반적인 대답은 "예뻐서요"이다. 물론 아이폰은 기능 면에서도 탁월하지만 대부분의 사람들은 스마트폰의 기능을 끝까지 써보지 않는다. 카메라, 메신저, 몇 가지 자주 쓰는 앱 정도가 전부다. 그럼에도 그들이 아이폰을 선택하는 이유는 '이미지' 때문이다. 애플의 이미지는 단순히 제품 외형에 머물지 않는다. 그 제품을 쓰는 사람의 이미지까지 함께 규정한다. '아이폰을 쓰는 사람은 왠지 이런 사람일 것 같다'는 상징이 이미 만들어져버린 것이다.

사람도 다르지 않다. 누군가가 하는 말의 내용이 아무리 좋아도, 그 말이 담겨 나오는 외형과 태도가 받쳐주지 않으면 메시지는 힘을 발휘하지 못한다. 똑같은 말을 하더라도 형형색색의 등산복을 입은 사람과 깔끔하게 정제된 수트를 입은 사람이 주는 인상은 전혀 다르다. 등산복 차림의 리더는 친근해 보일 수는 있다. 하지만 중요한 자리에서는 전문성과 집중력 면에서 감점을 받을 가능성이 크다. 반대로 정제된 옷차림은 말의 신뢰도를 높여주고, 그의 말을 더 진중하게 느껴지도록 만든다. "말만 잘하면 되지, 옷차림은 중요하지 않다"라는 말은 현실을 충분히 반영하지 못한다.

"보이는 것이 전부가 아니더라도 마치 전부인 것처럼 관리를 하는 게 좋습니다."

그렇다면 보이는 부분을 어떻게 관리할까? 쉽게 말하면 패션이라고도 할 수 있는데, 여기서 한 번 짚고 넘어가야 할 개념이 있다. 패션을 신경 쓴다고 하면 옷 잘 입는 걸로 이해하는 사람들이 많다. 좋은 옷이나 아이템을 착용하거나 패션 유행을 잘 따른다거나 하는 의미로 말이다.

나는 조금 다르게 생각한다. 보이는 부분을 관리한다는 건 패셔니스타가 된다는 뜻이 아니라 '이미지'를 만든다는 의미다. 예를 들어 소박하고 털털한 이미지로 보이고 싶다면 캐주얼하게 입을 수 있고, 단정하고 바른 이미지로 보이고 싶다면 정장이나 캐주얼 정장을 입는 것이다. 즉 패션은 이미지를 구현하는 수단이지 그 자체가 목적이 아니다.

젤렌스키 대통령이 군복을 입은 이유

2025년 2월 젤렌스키 우크라이나 대통령이 백악관을 찾았을 때, 그는 정장을 입지 않았다는 이유로 트럼프 대통령과 밴스 부통령에게 수많은 카메라 기자들 앞에서 면박을 당했다. 미국 대통령과의 회담, 세계가 지켜보는 보안 최상위 외교 공간에서, 그는 여전히 카키색 전투복을 입고 있었다. 트럼프 대통령은 "오늘 잘 차려 입었네"라며 노골적으로 비꼬았다. 그의 반응은 단순한 에티켓 문제처럼 보였지만, 사실 그 말 뒤에는 이미지와 권력 언어의 충돌이 있었다고 해석하는 게 옳다.

젤렌스키 대통령은 에티켓을 몰라서 정장을 거부한 것이 아니다. 그는 이미 2년이 넘는 전쟁 기간 동안 같은 복장을 고수해왔다. 한 국가의 대통령이 공식 석상에서 군복이나 군색 티셔츠를 입는다는 것은 단순한 패션 취향이 아니다. 그것은 스스로를 '전쟁 중의 대통령'으로 규정하는 이미지 전략이다. "나는 지금 싸우고 있다"라는 메시지를 일관되게 전달하기 위해 그는 외교의 자리에서도 군복을 벗지 않았다.

반면 트럼프 대통령의 목적은 전쟁 종식이었다. 그런 그에게 젤렌스키의 전투복이 거슬리는 건 당연했다. 이는 '이제는 협상과 조정의 시간'이라는 트럼프의 이미지 전략과 정면으로 충돌한다. 트럼프는 단순히 예의의 차원에서 "옷을 갖추라"고 요구한 것이 아니었을 것이다. 그 이면에는 젤렌스키가 만들어온 이미지 전쟁을 흔들고 싶다는 의도가 더 컸다. "지금은 전투가 아니라 외교의 시간이다"라는 메시지를 그에게 강제로 입히고 싶었던 것이다. 즉, 젤렌스키에게 정장을 요구한 건 예절에 대한 조언이 아니라 프레임을 바꾸려는 시도였다. 무엇을 입느냐의 문제가 아니라, 누가 이 국면을 정의할 권한을 갖느냐의 문제였던 셈이다.

이쯤이면 감이 잡힐 것이다. 중요한 건 '옷을 잘 입느냐'가 아니다. 나는 어떤 이미지로 보이고 싶은가, 혹은 어떤 이미지로는 보이고 싶지 않은가를 먼저 치열하게 고민하는 것이다. 그 다음에야 비로소 복장이 정해지고, 수염을 기를지 말지, 향기를 쓸지 말지, 자세와 제스처를 어떻게 가져갈지가 자연스 럽게 따라온다. 순서가 바뀌면 모든 게 어색해진다.

중요한 건 패션이 아니라 이미지다

이미지는 사람 전체를 둘러싼 인식의 총합이다. 우리가 누 군가를 떠올릴 때 "저 사람은 일 잘하는 사람 같아", "차갑다", "소탈해 보인다" 같은 감정과 판단이 한꺼번에 떠오르는데, 그 묶음 자체가 이미지다. 말투, 표정, 몸짓, 태도, 가치관, 목소리, 그리고 옷차림까지 모두 합쳐진 하나의 덩어리다. 패션은 그 이미지의 일부다. 이미지는 결과이고, 패션은 그 결과를 만들 어내기 위한 수단에 가깝다. 중심에 이미지가 서 있지 않으면, 패션은 의미 없이 공중에 떠버린다.

소통을 잘하고 싶은 대표가 있다고 하자. 그는 직원들과 수 평적으로 대화하고 싶고, 고객에게 진정성을 보여주고 싶다고 말한다. 그런데 막상 중요한 자리마다 골프웨어나 등산복, 과 한 브랜드 로고가 들어간 옷을 입고 등장한다면 이야기는 달 라진다. 드라마나 영화에서 '일은 안 하고 취미와 접대에만 열 심인 사장'을 표현할 때 어떤 옷을 입히는지 떠올려보라. 대부 분 화려한 골프웨어다. 이 이미지는 이미 대중의 머릿속에 강 하게 각인돼 있다.

어떤 이미지를 원하는지가 제대로 정립돼 있지 않으면 그 사 람의 패션은 흔들린다. 날마다 스타일이 바뀌고, 상황에 따라 말과 행동도 들쭉날쭉해 보인다. 그래서 중요한 건 어떤 옷을 입느냐가 아니라, 그 옷을 왜 입었느냐다. 어떤 옷을 입든, 그 선택에 의미를 부여하는 과정이 필요하다.

'왜 나는 이 옷을 선택하는가'에 대한 나만의 설명이 있어야 한다. '꿈보다 해몽'이라는 말이 있듯이 패션에 관해서라면 옷 그 자체보다, 그 옷을 어떻게 해석하고 설명하느냐가 그 사람의 이미지를 만든다. 메타(페이스북)의 창업자 마크 저커버그는 늘 똑같은 회색 티셔츠 하나만 입고 다니지만 그것은 그의 아이덴티티가 된다.

한번은 선거를 치르는 한 정치인에게 이미지 전략을 조언해준 적이 있다. 언론계 선배였던 그는 단신으로 늘 반가르마 머리를 고수하고 있었다. 반가르마는 그에게 어딘가 망설이는 인상을 줬고, 말투와 표정에 깔린 신중함과 맞물리면서 '소극적인 사람'이라는 이미지를 더 강하게 만들고 있었다.

"반가르마는 성인 남성에게 자신감 없는 이미지를 줄 수 있습니다. 얼굴을 조금 더 드러내는 방향으로 바꿔봅시다."

우리는 몇 가지 스타일을 놓고 함께 실험을 해봤고, 완전한 올백까지는 아니더라도 이목구비가 보다 선명하게 드러나고 시선이 자연스럽게 위로 향하는 헤어스타일을 선택했다. 그리고 운동화는 과감히 배제했다. 그는 캐주얼한 복장보다 정장을 입었을 때 훨씬 '자기다운 분위기'가 살아나는 사람이었다. 나는 그의 신체적 특징을 숨기려 하지 않았다. 대신 그 특징을 어떻게 다른 강점으로 전환할 수 있을지를 함께 고민했다. 그 결과 전신 이미지는 눈에 띄게 달라졌고, 유권자들 앞에 섰을 때 이전보다 훨씬 정돈된 존재감이 자연스럽게 살아났다.

반대로 이미지 관리의 실패가 얼마나 치명적인 결과로 이어질 수 있는지를 보여주는 사례가 있다. 윤석열 전 대통령이다. 정책의 옳고 그름, 국정 운영의 성과를 잠시 내려놓고 오직 '이미지'만 놓고 보자. 대중의 머릿속에 각인된 그의 이미지는 '결단력 있는 검사 출신 대통령'이 아니라, '술과 회식을 즐기는 사람'에 더 가까웠다. '쩍벌남', '흘러내리는 바지', 흐트러진 자세와 무심한 표정은 반복적으로 소비되며 하나의 캐릭터로 굳어졌다.

이런 이미지는 단순한 외형의 문제가 아니라, 대통령이라는 자리에 요구되는 긴장감과 통제력, 그리고 국가 운영자의 무게를 갉아먹었다. 대통령실은 과연 그가 어떤 이미지로 기억되기를 원하는지, 혹은 어떤 이미지는 반드시 피해야 하는지에 대해 치열하게 고민한 흔적이 있었을까.

이미지는 내가 만들어가는 것이다. 그러지 않으면 다른 사람들의 말이 나의 이미지를 결정한다. 윤 전 대통령의 경우, 이미지 전략의 부재는 곧 이미지의 방치로 이어졌고, 그 빈자리를 각종 밈과 조롱이 대신 차지했다.

추구하는 이미지가 명확하지 않았던 대통령과 달리 영부인은 이미지가 너무 과했다. 영부인은 '보여주되, 동시에 보여주지 않아야 하는 자리'다. 대통령보다 더 주인공이 되는 화려한 복장과 명품가방은 영부인이 추구해야 할 이미지와는 거리가 멀다. 이는 자기 취향을 드러내는 데는 성공했을지 모르지만, 국민들이 영부인에게 기대하는 이미지가 무엇인지에 대한 고민은 충분하지 않았던 선택처럼 보인다.

이미지 관리의 기본

"이미지를 어떻게 해야 할지 모르겠어요."

많은 사람들이 이렇게 묻는다. 하지만 이미지는 설계의 문제가 아니라 정리의 문제인 경우가 더 많다. 어떤 방향으로 갈지를 고민하기 전에, 그 방향을 감당할 수 있는 기본 상태인지부터 봐야 한다. 토대가 흐트러진 상태에서는 어떤 전략도 오래 버티지 못한다. 앙상한 팔과 다리에 배만 불쑥 나온 체형은, 어떤 메시지를 입히든 좋은 이미지로 연결되기 어렵다. 성실함을 말해도 관리가 안 된 사람처럼 보이고, 카리스마를 말해도 설득력이 떨어진다. 손으로 이를 쑤시거나, 무의식적으로 몸을 긁는 습관 같은 사소한 행동들도 마찬가지다.

나는 기본적으로 3가지를 잘 관리하라고 얘기한다. '바디 쉐입과 자세', '제스처', 그리고 '말투'다. 좋은 자세는 운동과 생활 습관에서 나오고, 바디 쉐입은 자기 관리의 수준을 가장 솔직하게 드러낸다. 제스처 역시 단순하다. 시선을 한 사람에게 고정하지 않고 고르게 분산시키는 것, 손을 지나치게 닫지 않고 열어두는 것, 그리고 몸을 약간 앞으로 기울이는 것. 이 세 가지만 지켜도 인상은 눈에 띄게 달라진다.

말투에 대해서도 많은 오해가 있다. "타고나는 거 아니냐"는 것이다. 하지만 말투는 성격이 아니라 습관에 가깝다. 의식적으로 훈련하면 충분히 바꿀 수 있다. 실제로 6개월만 집중해서 연습해도, 사람의 말투는 확연히 달라진다. 누군가 내게 "제 말투도 바뀔 수 있을까요?"라고 묻는다면, 나는 늘 같은 대답을 한다. "6개월만 같이 해보시겠어요? 그러면 만들어드릴 수 있습니다." 모든 아나운서들의 말투는 훈련으로 만들어지는 것임을 기억하자.

이미지는 리더십의 출발점이다. 겉모습이 진심을 대신할 수는 없지만, 그 진심이 제대로 전달되기 위해 문을 열어주는 첫 번째 신호라는 점은 분명하다. 이미지는 그 신호를 해석하는 틀이고, 아이덴티티는 그 틀에 일관된 의미를 부여하는 중심축이다.

좋은 리더는 외형을 과장하지 않는다. 동시에 외형을 방치하지도 않는다. 옷차림과 말투, 자세와 제스처가 서로 충돌하지 않고 하나의 이야기로 이어질 때, 사람은 설명하지 않아도 자연스럽게 신뢰를 느낀다. 그때 리더의 말은 힘을 얻고, 침묵조차 메시지가 된다. 말의 기술이 아니라 존재 전체가 전달하는 메시지다. 무엇을 말하느냐보다, 어떤 모습으로 그 자리에 서 있느냐가 먼저 읽히기 때문이다.

일상 대화도
셀프 브랜딩의 무대다

회의가 시작되기 직전, 모두가 커피 잔만 바라보며 입을 닫고 있는 그 몇 초의 정적, 엘리베이터에서 다른 직원과 단둘이 탔는데 어색함을 피하려고 숫자판만 뚫어지게 바라보는 순간, 혹은 처음 만난 사람과 마주 앉아 물 컵만 만지작거리며 무슨 말을 꺼낼지 머릿속에서만 문장을 뒤적이는 장면. 이런 장면은 누구에게나 익숙할 것이다. 우리는 침묵을 유난히 견디지 못하는 문화 속에서 자라왔고, 그래서 짧은 순간에 적당한 말을 꺼내야 한다는 압박이 크게 작동한다.

지금은 많이 변하긴 했지만 과묵함이 미덕으로 여겨지는 분위기가 있다. 어린 시절 과묵한 어린이는 '점잖다'는 칭찬을 듣는 반면 질문을 많이 하거나 좀체 가만히 있지 못하는 아이는 '산만하다'는 꾸중을 듣곤 한다. 그런 문화에서 자란 탓에 오늘

날 조직의 C레벨, 리더 급에 있는 사람들은 많은 경우 스몰토크를 유난히 어려워한다. 드라마 〈서울 자가에 대기업 다니는 김 부장〉의 김낙수가 그러한 성격의 전형이라고 할 수 있다. 팀원들과 커피를 마시거나 회식을 하는 자리에서는 불편한 기운만이 감돈다. 가족식사 자리에서도 마찬가지다. 아들과 대화를 시도해보지만 잔소리 이상도 이하도 아니다. 마음처럼 되지 않는다.

'일만 잘하면 됐지'라고 생각하는 사람도 있다. 스몰토크는 부수적이라는 인식이다. 필수 역량이라기에는 무리가 있는 것 같기도 하다. 하지만 스몰토크를 단순히 '잡담'이라고 치부하는 것은 더욱 곤란하다. 사람들은 중요한 말보다 첫 문장에서 상대의 인상을 판단하고, 그 판단은 이후의 모든 대화를 비추는 기준이 된다. 어떤 이들은 이 순간의 분위기 하나 때문에 상대와의 거리를 좁히기도 하고, 반대로 잘못된 첫마디로 인해 쉽게 좁힐 수 있었던 관계를 스스로 멀어지게 만들기도 한다.

스몰토크가 중요한 이유가 뭘까? 사람이란 감정적인 존재이기 때문이다. 사람은 옳은 말이 아니라 호감에 영향을 받는다. 스몰토크는 사소해 보이지만 사람 간에 감정적인 유대감을 형성하는 가장 효과적인 방법이다. 사람들은 리더가 무슨 결정을 내렸는지보다 어떻게 말을 꺼냈는지를 더 또렷하게 기억한다.

리더가 대화에서 보여주는 태도, 소재 선택, 말문을 여는 방식은 그 사람의 배려 수준, 사고 범위, 인간적인 온도감을 무언의 방식으로 드러낸다. 말하자면 스몰토크는 '리더의 프로필' 과도 같다. 소개서를 꺼내지 않아도, 그 짧은 순간에 상대는 이미 '아, 이 사람이 이런 리더구나' 하고 결론을 내린다.

리더는 스몰토크에도 전략이 필요하다

"스몰토크를 어떻게 해야 자연스럽게 할 수 있을까요?"

이 질문에 답할 때 나는 먼저 구분부터 한다. 평범한 사람에게 해주는 조언과 리더에게 필요한 조언이 완전히 다르다. 일반인에게는 이렇게 말한다. 말을 지나치게 주도하지 말고, 상대에게 공간을 열어주고, 듣는 쪽으로 중심을 두라고. 하지만 대표나 오너, 정치인처럼 존재 자체가 이미 하나의 역할이 된 사람들에게는 정반대의 조언을 한다. 바로 대화의 어젠다를 '선점'하라는 것이다.

리더의 스몰토크에는 나름의 법칙이 있다. 먼저 말문을 여는 사람이 대화의 흐름을 자기쪽으로 끌어당길 수 있다. 예를 들어, 화장품 회사의 대표와 AI 로봇 회사의 대표가 처음 마주했다고 가정해보자. AI 로봇 회사 대표가 먼저 "요즘 자동화 로봇 시장이…"라고 말문을 여는 순간, 대화는 그 사람의 세계로 완전히 기울어져버린다. 회장품 회사 대표는 잘 모르는 이야기를 따라가기 위해 에너지를 써야 하고, 여러 사람이 함께 있는 자리라면 분위기는 금세 한 방향으로 흐를 수밖에 에다.

그 순간 그의 존재감은 희미해진다. 반대로 화장품 회사 대표가 먼저 "요즘 K-뷰티가 해외에서 꽤 독특한 반응을 얻고 있습니다"라고 말하면 어떻게 될까? 그 자리는 그의 '홈그라운드'가 된다. 본인이 가장 편안하고 잘 아는 영역에서 대화를 이어갈 수 있으니, 상대 역시 질문을 던지며 따라올 수밖에 없지 않겠는가.

대화를 선점한다는 것은 상대를 누르거나 압도한다는 의미가 아니다. 대화의 흐름을 자연스럽게 주도하면서 내 존재감을 가장 잘 각인시킬 수 있는 자리로 옮기는 전략이다. 많은 리더들이 이 이야기를 들으면 고개를 천천히 끄덕인다. 그리고 대개 이렇게 말한다. "왜 이걸 미처 생각 못 했을까요."

다른 리더들과 마주하는 자리에서 리더는 더 이상 개인 한 사람이 아니다. 일종의 '사회적 캐릭터'로 존재하게 된다. 리더라는 위치는 언제 어디에 있어도 늘 무대 한가운데 놓여 있고, 행동과 말투, 심지어 스몰토크 한 문장까지도 이미지를 만든다. 나는 그 짧은 첫 문장이 사람의 결을 얼마나 정확하게 드러내는지를 수없이 봐왔다. 그리고 이것은 CEO나 임원만의 이야기가 아니다. 중간관리자든, 직업적으로 사람을 자주 만나야 하는 누구든, 마찬가지로 적용되는 현실이다.

내가 PI의 교과서로 묘사하는 젠슨 황을 보자. 그는 언제나 대중과 미디어가 퍼나르기 좋아하는 말을 만들어낸다.

"PC방과 e스포츠가 없었다면 오늘날의 엔비디아도 없습니다." 이 한 마디로 한국인들은 엔비디아에 열광했다. 반면 한국 CEO들이 해외에 나갔을 때는 이러한 스포트라이트를 받는 장면을 보기가 힘들다. 우리는 대화를 주도하기보다 흐름을 지켜보는 데 익숙하다. 그런 장면들을 떠올릴 때마다 한국 리더들의 조심스럽고 수동적인 대화 습관이 조금은 아쉽게 느껴진다.

하지만 변화가 보인다. 2025년 APEC을 앞두고 SK의 최태원 회장은 유튜브 삼프로TV에 출연해 "앞으로 한국과 일본이 EU와 같은 경제공동체를 구축해야 한다"는 발언을 했다. 대기업 총수의 입에서 나온 발언 치고는 수위가 상당히 센 의견이었다. 그러나 내게는 세계무대에서 높아진 대한민국의 위상에 맞는 자연스러운 변화로 보인다. PI 관점에서 보면 이러한 어휘 선점을 통해 글로벌 리더라는 이미지를 각인시키는 것이다.

내가 컨설팅을 하는 리더들에게는 가끔 뜬금없어 보일 정도로 새로운 어젠다를 던져보라고 한다. 한번은 바이오 업계 대표에게 약 이야기로 시작하지 말라고 했다. 너무 익숙하고 예상 가능한 범위이기 때문이다. 대신 "청년 고용은 어떻게 보세요?", "백신 산업이 글로벌에서 어떤 역할을 맡게 될까요?" 같은 질문을 던져보게 했다. 그러면 상대는 그를 넓은 시야를 가진 사람으로 보게 된다.

모빌리티 스타트업 대표에게는 배달기사의 안전 문제나 보험 구조 이야기를 해보라고 제안했다. 누구나 배달 음식을 시켜본 경험이 있기에 쉽게 공감할 수 있고, 그 안에는 산업적 논점에서 보험 이슈가 자연스럽게 들어 있다. 정치인에게는 '여의도를 스마트시티로 만들겠다'는 어젠다를 얘기해보라고 했다. 국내 정치에서 거의 언급되지 않던 주제였고 오히려 동남아에서 먼저 실현되던 모델이었다.

"스몰토크를 할 때 주로 어떤 이야기를 하세요?" 이렇게 물으면 대답은 비슷하다.

"주로 취미가 뭐냐, 주말에 뭐했냐, 이런 얘기를 물어보죠."

취미에 대해 이야기해보자. 나는 골프 같은 이야기는 자제하는 게 좋다고 생각한다. 상대방이 골프를 즐기면 이야기가 잘 통할 수도 있지만 골프를 즐기지 않는 사람도 많다. 이왕이면 좀 더 보편적인 주제가 좋다. 짜장면, 분식, 피자 같은 음식 이야기는 사람들의 마음에 바로 닿는다. 혹은 "나는 집에서 설거지를 자주 하는데, 세제는 뭘 쓰세요?"라고 질문했다고 해보자. 이 질문 속에 그 사람의 일상과 태도가 스며 있다. 집안일을 기꺼이 함께하는 사람이라는 인상, 생활 감각이 살아 있는 사람이라는 느낌, 여성의 노동을 이해하는 사람이라는 메시지를 줄 수 있는 것이다.

"베이킹소다 기반 세제가 좋은데, 온라인 쇼핑몰에서 비교해보니 이런 제품이 괜찮더라" 같은 구체적인 이야기가 붙으면 점점 더 자연스러운 대화로 이어질 수 있다. 그리고 이런 이야기는 외부 자리에서는 업무 관련 주제로 넘어갈 수도 있다. 예컨대 한 유통회사 대표가 있다면 이렇게 대답할 수 있을 것이다. "요즘 해외에서는 의약품 배송도 점차 허용되는 흐름이 있던데, 한국은 어느 정도까지 허용해야 할까요?”

본인이 회사의 대표이든 중간관리자이든 혹은 평범한 직원이든 밖에서 일적으로 만나는 자리에서는 전략적으로 그리고 적극적으로 어젠다를 선점해보라.

일상 대화에서 ‘소재’ 찾기

하지만 문을 열고 내부로 들어오면 완전히 반대가 되어야 한다. 비유로 하자면, 당신이 가장이라면 가족들과 대화할 때는 회사 아랫사람과 대화하듯이 해서는 곤란하다. 회사에서도 마찬가지다. 내부의 사람들과 대화를 할 때는 말이 많아질수록 리더십이 약해진다.

그래서 내가 대표님들에게 자주 하는 말이 있다.

“직원들에게 너무 인사이트를 주려고 하지 마세요.”

많이 알고, 많이 경험했기 때문에 ‘이걸 알려주면 도움이 되겠지’라고 생각하게 된다. 좋은 의도지만 회의만 들어가면 “내가 보기엔…”, “내 경험에는…” 같은 말이 자연스럽게 쏟아지고, 직원들은 그때부터 천천히 배움을 포기한다. 어차피 대표의 관점이 답으로 수렴될 것이니까.

그래서 내부에서는 말하기보다 묻는 사람이 되어야 한다.

“요즘 일하면서 뭐가 가장 힘들어?”

“최근에 어떤 생각을 하고 있어?”

“팀 분위기는 어떻게 느껴져?”

이런 질문은 상대의 내면을 꺼낼 수 있게 만든다. 중요한 것은 질문 후의 침묵이다.

"질문하고 최소 5초는 아무 말도 하지 말고 기다리세요."

그 5초가 직원에게 '말해도 되는 자리'라는 신호가 된다.

스몰토크의 소재는 무궁무진하다. 어떤 소재가 좋을까?

첫째는 자기 자신이다. 예를 들어 당신이 야구를 좋아한다면 "월드시리즈 봤어?"라고 한다거나, 클래식 음악을 좋아한다면 특정 연주자의 스타일이나 최근 본 공연에 대해 이야기할 수 있다. 좋아하는 것을 이야기할 때 우리는 닫힌 마음이 열리고 감정의 교류가 일어난다. 한 대기업 CEO가 신년회 임직원 모임 때 스몰토크 주제로 떡국 이야기를 한 적이 있다. "오늘 새해인데 떡국 드셨나요? 전 아침에도 떡국 저녁에도 떡국을 먹었는데…" 좋은 주제는 아니다. 대기업 기업 대표의 다소 동떨어지며 진부한 떡국 이야기는 귀에 잘 들리지 않는다. 요리 전문가의 신선한 떡국 레시피 이야기가 아니라면 자기 직원들 앞에서 진정성 있는 자기 이야기를 소재로 하는 것이 좋다.

둘째는 매거진이다. 리더들이 자주 읽는 경제·경영 매거진은 그 자체로 거대한 스몰토크 저장소다. 산업의 흐름이나 해외 기업의 뜻밖의 움직임, 새로운 기술이 일상의 질서를 어떻게 바꾸고 있는지 같은 이야기들은 사람들의 관심을 끌어당긴다. 영상 하나, 다큐멘터리 한 편, 경제지의 인터뷰 한 구절만으로도 대화의 깊이가 달라질 때가 많다.

그리고 세 번째, 내가 가장 중요하다고 생각하는 것이다. 바로 직원들, 특히 젊은 직원들의 말이다. 일부러 이야기를 이끌어낼 부담을 가질 필요 없다. 신입 직원이 무심하게 던진 말을 흘려듣지 말고 주의 깊게 들어 그것에 대해 생각해보자. 일상 대화에서의 표면적인 이야기에도 많은 정보가 담겨 있다.

"어제 우리 신입이 이런 얘기를 하던데 혹시 보셨어요?"

이런 문장은 상대를 자연스럽게 이끌어온다. 공연, 전시, 도시와 문화 같은 이야기들은 부드럽고 단단한 결을 유지하면서 대화를 이어가기 좋다. 단, 가십, 뒷담화, 술집 이야기 등 품위를 잃는 소재는 피해야 한다. 정말 아무것도 떠오르지 않을 때는 날씨, 여행, 음식이 무난하다.

질문을 할 때 한 가지 팁이 있다. "날씨 좋죠", "그러게요"처럼 단답형으로 대답이 끝나게 하지 않는 것이다. 같은 질문이어도 '예스', '노'로 떨어지지 않도록 질문을 바꿔보라.

"오늘 날씨가 좋아서 테라스에서 점심을 먹고 싶은데, 혹시 좋아하는 식당 있으세요?"

이렇게 예스나 노로 바로 끝나지 않는 문장을 던지면, 대화가 자연스럽게 이어질 여지가 생긴다. 스몰토크는 잘 만든 문장을 보여주는 기술이 아니라, 상대가 말을 보탤 수 있는 여백을 남기는 기술이다. 그 여백이 관계를 열고, 사람을 편안하게 하고, 분위기를 부드럽게 만든다.

리더의 스몰토크는 외부와 내부에서 전혀 다른 방식으로 작동한다. 외부에서는 먼저 말문을 여는 사람이 흐름을 잡고, 내부에서는 말을 조금 아껴야 신뢰를 얻는다. 상황에 따라 이 두 방식을 자연스럽게 오갈 수 있는 리더는, 말 한 줄로 분위기를 바꾸고 첫 문장으로 이미지를 만들며, 어떤 작은 순간에도 관계의 결을 부드럽게 조정한다.

스몰토크는 리더라는 존재의 무게가 가장 조용하게 드러나는 언어라고 생각한다. 문장은 짧지만, 그 짧음을 다루는 방식이 리더십 전체의 방향을 바꿔놓을 때가 많다.

고수는 덜 말하고
더 듣는다

얼마 전, 한 스타트업 대표를 소개받아 나와 개인적인 친분이 있는 기업 투자 전문 대표님께 연결해준 자리가 있었다. 미국 명문대 출신에 좋은 회사 경력까지 갖췄고, 집안과 배경도 탄탄한 소위 '엄친아' 스펙의 인물이었다. 키도 훤칠해 첫인상 역시 상당히 좋았다. 그런데 대화가 이어질수록 이상하게도 점점 그의 말을 더 듣고 싶지 않다는 생각이 들었다.

우리는 약 한 시간 반 정도 식사를 함께했는데, 그 시간의 대부분을 그는 자신의 이야기로 채웠다. 유학 시절의 경험담부터 화려한 인맥 자랑, 최근 본인이 관심을 두고 있는 주제들까지 쉼 없이 늘어놓았다.

간신히 투자 대표님이 말을 시작하면, 그는 핸드폰을 슬쩍 보거나 멍하게 시선을 흘렸다. 누가 봐도 제대로 듣고 있지 않다는 게 느껴졌다. 거기에다 말투에는 종종 반말까지 섞여 나왔으니, 비호감이라는 표현이 전혀 과하지 않았다. 밥이 입으로 들어가는지 코로 들어가는지 모를 만큼 불편한 시간 끝에 미팅은 그렇게 마무리됐다.

그가 자리를 뜬 뒤, 투자 대표님께 조심스럽게 어땠는지 물었다. 대답은 단호했다.

"함께하고 싶지 않네요."

그 대표는 점심은 맛있게 먹었고, 하고 싶은 말도 충분히 쏟아냈을지 모른다. 하지만 그 협상 자리에서 얻어 간 것은 아무것도 없었다.

무엇이 잘못됐을까? 이미 눈치 챘겠지만, 다른 건 차치하더라도 결정적인 문제는 대화 내내 그가 '비호감'으로 보였다는 점이다. 대화는 본질적으로 상호작용이어야 한다. 강의도 아니고 설교도 아닌데, 일방적으로 흘러가면 그건 더 이상 대화라고 부르기 어렵다.

말이 많을수록 불리할 때가 있다

대화 전문가들에 따르면 설득을 위한 대화의 황금 비율은 3대 7이라고 한다. 내가 말하는 비중을 30% 정도로 두고, 나머지 70%는 상대의 이야기를 듣는 것이 가장 효과적이라는 뜻이다. 대화가 한쪽 방향으로만 흐를수록 그 질은 급격히 떨어진다. 아무리 값진 유학 경험이나 화려한 커리어, 본인의 유능함을 이야기하더라도 그것이 장황하고 일방적이라면 금세 무

가치한 소재로 전락한다. 특히 협상 테이블에 앉은 사람이라면 자기중심적인 대화법은 가장 먼저 경계해야 할 태도다. 협상에서 말 잘하는 사람보다 중요한 건, 잘 듣는 사람이다. 그래서 협상가라면 반드시 경청의 기술을 배워야 한다.

협상 자리에 나가 대화를 하다 보면 경청을 하는지 여부만 봐도 고수와 하수가 쉽게 갈린다. 협상의 하수일수록 말이 길고 장황하며, 대화를 독점하려 한다. 말을 많이 하면 주도권을 쥐고 있는 것처럼 느끼고, 그것이 곧 설득력이라고 착각하기 때문이다.

하지만 현실은 정반대다. 말을 많이 할수록 설득력은 오히려 떨어진다. 말이 많아질수록 실수나 실언이 나올 가능성도 함께 커지고, 그 작은 틈이 곧바로 상대에게 약점으로 포착되기 쉽다. 더 나아가 굳이 말하지 않아도 될 정보까지 흘러나가 협상의 판을 스스로 불리하게 만드는 경우도 적지 않다. 그래서 협상에서는 잘 말하는 것보다, 덜 말하고 잘 듣는 사람이 끝내 유리해진다.

예를 들어 전시장을 둘러보고 이미 새 차를 계약하기로 마음을 굳힌 고객에게, 자동차 딜러가 자신의 전문성을 보여주겠다는 이유로 지나치게 많은 설명을 늘어놓는 경우가 있다. 차량의 장점부터 기술적 디테일, 굳이 지금 알 필요 없는 정보까지 쏟아내다 보면, 오히려 고객은 피로감을 느끼고 마음을 바꿔 계약을 포기하기도 한다. 이미 결정을 내린 고객에게 '하지 않아도 될 말'을 덧붙인 탓에 스스로 매출 기회를 날려버린 셈이다.

이 상황에서 자동차 딜러는 어떻게 말했어야 할까? 계약 이후의 인도 일정이나 절차처럼 고객이 궁금해할 만한 핵심 정보만 간략히 전달하고, "혹시 더 궁금하신 점 있으세요?"라고 묻고 조용히 듣는 쪽이 훨씬 효과적이다. 고객 입장에서는 필요한 설명을 충분히 들었고, 동시에 자신의 이야기를 존중받고 있다는 인상을 받게 된다. 이런 경험이 쌓이면 자연스럽게 '이 사람을 믿어도 되겠다'는 신뢰가 생기고, 구매 결정으로 이어질 가능성도 높아질 수밖에 없다.

반대로 협상에서 상대가 말을 많이 하게 만들 수 있다면 당신은 유리한 자리에 서게 된다. 대화의 시작은 거창할 필요가 없다. 가벼운 칭찬이나 인정 한마디만 건네도 충분하다. 말이 많은 사람은 그런 신호에 쉽게 반응하고, 이내 스스로 시동이 걸린다. 그때 당신이 할 일은 주도적으로 끼어드는 것이 아니라, 조용히 듣는 것이다. 상대의 말 속에는 의도와 감정, 숨기고 싶은 부분과 드러내고 싶은 욕구가 자연스럽게 섞여 나온다. 경청은 언제나 강력한 무기가 된다. 반면, 지나치게 많은 말은 부메랑이 되어 약점으로 돌아오기 쉽다. 협상에서 이기는 사람은 더 많이 말하는 사람이 아니라, 더 많은 정보를 얻어가는 사람이다.

안타깝게도 말을 많이 하는 사람들 중에는 정작 본인이 말이 많다는 사실을 인식하지 못하는 경우도 적지 않다. 주변에서 "말이 좀 많다"는 피드백을 받아도, 그게 관계나 협상에서 어떤 영향을 미치는지까지는 깊이 체감하지 못하는 것이다. 그래서 이 같은 이야기를 반복해서 듣는 사람일수록, 언젠가 중요한 협상 자리에서 불필요한 실수를 하지 않기 위해서라도 의식적인 교정과 훈련이 필요하다.

간단하고 쉽게 실천할 수 있는 대화습관으로 2가지를 추천한다.

1소재 1질문

한 가지 소재에 대해 이야기했다면, 반드시 그 뒤에 상대에게 질문 하나를 던져라. "그런데 당신은 어떠세요?", "당신 생각은 어때요?", "비슷한 상황을 겪어보신 적 있나요?"처럼 단순한 질문이면 된다. 핵심은 내가 말한 내용을 다시 상대가 말할 수 있게 만드는 것이다. 앞서 언급한 스타트업 대표의 사례를 예로 들어보자. 자신의 유학 시절이나 해외 경험을 이야기했다면, 그 다음에 이렇게 한마디만 덧붙이면 된다.

"혹시 해외에 다녀오신 경험도 있으세요?"

상대가 반드시 유학 경험이 있을 필요는 없다. 여행 이야기일 수도 있고, 주변 사람의 해외 경험을 떠올릴 수도 있다. 중요한 건 말할 '입구'를 열어주는 것이다. 그렇게 되면 대화는 자연스럽게 일방향에서 벗어나 '핑퐁' 구조로 전환된다. 서로의 경험이 오가는 순간, 대화의 온도는 달라지고 라포Rapport는 훨씬 깊게 형성될 가능성이 높아진다. 말의 분량을 줄였을 뿐인데, 대화의 밀도는 오히려 더 높아지는 지점이다.

침묵의 무게를 견뎌라

대화 중 침묵이 찾아오면 누구나 불안해진다. '분위기가 어색해진 건 아닐까?', '내가 더 말해야 하나?' 같은 생각이 자연스럽게 밀려온다. 그래서 대부분의 사람들은 그 침묵을 견디지 못하고, 서둘러 그 '묵음'의 공간을 불필요한 말들로 채운다. 하지만 바로 그 순간부터 실수가 시작될 가능성이 급격히 높아진다. 덧붙이는 말들은 대개 준비되지 않은 이야기일 확률이 높고, 그 안에는 약점이 되거나 협상적으로 불리한 정보가 섞여 있을 가능성도 크다. 침묵을 두려워해 말을 이어가는 사람일수록 협상에서 스스로 불리한 자리를 만들어낸다.

반대로 침묵은 오히려 상대에게 심리적 압박을 줄 수 있다. 침묵을 견디기 힘든 건 당신만이 아니다. 누구에게나 침묵은 빈 공간이고, 사람은 본능적으로 그 공간을 채우고 싶어 한다. 그래서 침묵이 생기면 스스로 입을 연다. 바로 그 순간, 상대는 자신도 모르게 의도나 우려, 내부 사정처럼 굳이 말하지 않아도 될 정보들을 흘리게 된다.

가령 당신이 제안한 가격에 대해 상대가 한동안 아무 말도 하지 않는 상황을 떠올려보자. 많은 영업사원들은 '거절 분위기인가?'라는 생각에 조급해져 가격 인하나 옵션 추가 같은 양보 카드를 먼저 꺼낸다. 하지만 협상의 고수는 다르다. 조용히 미소를 유지한 채 기다린다. 그러면 오히려 상대가 먼저 입을 연다.

"단가를 조금만 조정하면 좋겠습니다." 혹은 "물량을 늘리는 조건이라면 검토해볼 수 있을 것 같네요."

상대가 스스로 원하는 조건을 말하는 순간, 협상의 주도권은 자연스럽게 당신 쪽으로 넘어온다.

침묵은 단순한 멈춤이 아니다. 상대에게는 부담을 주고, 당신에게는 여유와 권위를 부여하며, 동시에 정보를 끌어내는 도구다. 짧은 침묵은 상대에게는 '생각해야 할 시간'을, 동시에 '말해야 할 의무'를 만들어낸다. 그 사이 당신은 감정을 정리하고 판단을 가다듬을 수 있다. 침묵을 견딜 수 있는 사람이 협상 테이블을 지배한다.

잘생기고 예쁜 사람보다 호감 가는 사람이 더 선호되는 세상이다. 호감 가는 사람은 말투와 태도, 성격까지 어우러져 상대에게 전반적으로 매력적인 인상을 준다. 그리고 그런 사람들의 가장 큰 공통점은, 상대에게 신뢰를 자연스럽게 얻어낸다는 것이다. 생각해보면 당연하다. 행실이 단정한데 말투는 격식 있고, 상대를 존중하는 태도가 느껴진다면 믿음이 가지 않을 수 없다. 사람은 말의 내용만 듣는 게 아니라, 그 말을 전하는 사람 전체를 보고 판단한다. 호감은 신뢰로 이어지는 가장 짧은 지름길이다.

호감을 잘 사는 이런 매력적인 사람은 협상장에서 유리한 위치에 선다. 《하버드 협상 강의》에 따르면 하버드의 협상 전문가들 역시 '매력'을 협상에서 가장 강력한 무기 중 하나로 꼽는다. 상대가 신뢰하고 싶어지는 사람, 함께 이야기하고 싶어지는 사람은 이미 협상의 출발선에서 한 발 앞서 있는 셈이다.

자신이 가진 매력을 협상장에서 제대로 발휘할 수 있다면, 복잡한 논리나 날 선 주장 없이도 자연스럽게 주도권을 쥐고 유리한 고지를 선점할 수 있다.

반대로 비호감인 사람이라면? 답은 명확하다. 비호감인 사람과 굳이 누가 관계를 맺고 싶어하겠는가. 그렇지만 의외로 협상장에 나가면 시종일관 비호감인 사람이 있다. 앞서 언급했듯 호감은 태어날 때부터 주어지는 외모로 결정되는 것이 아니다. 오히려 후천적인 노력에 의해 결정되는 말투와 지성, 교양, 태도와 행동 등으로 우린 호감과 비호감을 구분짓게 된다. 특히 말하기가 가장 표면적이고 결정적인 역할을 한다.

말하기는 습관이지만, 훈련을 통해 충분히 바꿀 수 있다. 자기중심적인 말하기에 어느새 익숙해져 버린 사람이라도, 앞에서 언급한 2가지 방법들을 차근차근 연습해보면 어렵지 않게 그 흐름에서 벗어날 수 있을 것이다.

내 이야기를 진정성 있게

책을 쓰자고 출판사 대표님이 처음 제안을 주신건 3년 전이었다. 처음 대표님과 만났던 날이 생생하게 기억난다. 그 때는 이 번 책과는 다른 주제로 이야기를 풀어나가려고 했다. '진정성'에 대한, 조금 더 감성적이고 따뜻한 이야기들이었다.

그렇게 시간이 얼마나 흘렀을까? 게으름과 바쁘다는 핑계로 책 쓰기를 포기했었다. 내가 '책'을 쓸만큼 대단한 경험을 한사람이 맞는가라는 스스로의 물음에 감히 '그렇다'는 확신이 없었다. 누군가에게 영감을 줄 정도의 경험을 갖춘, 흔히 한 분야에서 '성공한 사람'이 책을 쓰는 것이라고 생각했다.

대표님의 설득으로 2025년 봄 다시 펜을 잡았다. 그동안 많은 일들이 있었다. 내 개인도 그랬지만 세상이 더 크게, 그리고 빠르게 변했다. 코로나는 모르긴 몰라도 질병만 흩뿌리고 간게 아니라 시간을 단축시켜버린 무슨 술수라도 쓴 것 같다.

나이가 들면서 주변에서 가지각색 '성공' 사례들이 들려왔다. 코인으로 횡재한 사람, 강남에 집을 산 사람, 주식으로 큰 돈을 번 사람 등. 한편엔 상대적인 박탈감에 슬퍼하고, 비슷한 성공 사례의 주인공이 되기 위해 부단히 애를 썼지만 잘 안 된 친구도 있었다. 나의 인생은 어땠나? 흔히들 기준으로 삼는 돈과 명예로 반추해보면 분명 상위권은 아닐 것이다. 그래도 다행이라 생각이 드는 건 내 삶을 돌아볼 때 잘 살아왔다며 자부하고 만족하고 있다는 점이다.

가끔 주변인들 중 앞의 사례처럼 소위 성공한 친구들이 내게 물을 때가 있다. "넌 힘들지 않아? 조급함도 없는 것 같네. 뭔가 기가 죽어보이지도, 갈급해 보이지도 않고 넌 너 페이스대로 사는 것 같아. 비결이 뭐니?"

그런 질문을 들을 때면 난 속으로 피식 웃는다. 어찌 삶을 살아가며 힘들지 않을 수 있겠는가? 인생은 어차피 고苦 아니겠는가. 신앙이라는 원천이 있지만 그래도 가끔은 내 생각보다 앞서 있는 친구들을 보면 부러운 마음이 드는 것도 사실이다.

하지만 그때뿐이다. 특별한 마인드 컨트롤이라든지, 명상 등으로 내 마음을 다스리는 건 더더욱 아니다. 비결이라고 하면, 나는 비교적 이른 나이에 성공에 대한 나만의 정의를 내렸다.

성공은 신기루와 같다. 저마다 정의하는 성공의 모습은 제각
각이며, 막상 그 정점에 올라선 순간조차 인생이라는 긴 여정
속에서는 찰나에 불과하기 때문이다. 그래서 나는 '성공'이라
는 모호한 단어 대신 '성취'라는 구체적인 감각에 집중하기로
했다. 거창한 것이 아니어도 좋았다. 그저 내가 세운 작은 목표
들을 하나씩 실현하는 데 온 정성과 시간을 쏟았다. 내가 하고
싶은 일을 하고, 해내고 싶은 것을 스스로 해내는 과정. 그 순
수한 몰입의 시간 속에는 타인의 시선이 비집고 들어올 틈이
란 없었다.

그래서일까? '언제까지 무엇을 해내야 해'라기보다는 내가
하고 싶은 게 무엇인지 생각했고, 기간은 내가 정하는 때까지로
정했다. 취업이 그랬고 자산 축적이 그랬으며 모든 관계에 있어
서도 그랬다. 내가 세운 목표엔 크고 작음이 없었다. 작은 성취
라도 하나씩 이뤄가다 보니 자신감과 자존감도 함께 자라났다.
그렇게 주니어 시기를 지난 후, 아쉬움과 후회보다는 그때 그
직장에서 만났던 사람들이 남았고, 힘든 만큼 역량이 쌓였다.

타인의 속도와 성공 사례는 나에게 별 영향을 주지 않는다.
애초에 지향점이 다르기 때문이다. 돈을 많이 벌고 싶으면 얼
마나 그리고 누구보다 더인 것인가. 다다익선이라고 할 수 있
지만, 어디까지인 것일까?

이 책을 읽는 사람들이 조금 더 '성취'에 시간을 들이고 마음을 썼으면 좋겠다. 10대부터 30대까지 우리는 '남'에 너무 많은 초점이 맞춰져 있다. 남이 아닌 나를 위함으로, 글자 하나만 바꿔도 우리는 성취를 넘어 어딘가에 있을 '행복'에 좀 더 가까이 다가갈 수 있을 거라 믿는다.

또 다른 관점에서 독자들에게 꼭 하고 싶은 이야기는 '커뮤니케이션'을 수단이 아닌 본질, 목표 그 자체로 삼았으면 하는 바람이다. 성취의 과정에서 우리는 면접관, 회사 동료, 선후배, 협력 업체 관계자, 결정권자 등 필연적으로 다양한 사람을 마주하며 소통하게 된다.

책에서 이야기 하는 '성취의 언어'를 한 마디로 축약하자면 '내 이야기를 진정성 있게 전하는 것'이다. 그렇다. 책을 읽고 딱 한가지만 기억하라고 한다면, 지나치는 모든 관계에서 진정성 있게 마주하고 대화하라는 것이다. 현실 세계에서뿐만이 아니라 SNS에서도 마찬가지다. 말이든 글이든 당신의 마음이 담긴 진정성 있는 이야기가 상대에게 잘 전해질 수 있다면, 여러분의 삶에서 놀라운 변화가 생길 것이다.

이 책이 단순히 말 잘하는 법을 나열한 화법 기술서로 읽히지 않기를 바란다. 목표를 향해 나아가는 열정적인 이들, 작더라도 스스로 정한 성취에 닿고자 노력하는 이들이 잠시 숨을 고르며 마음을 다잡을 수 있는 공간이 되길 바란다. 기술을 넘어 나의 진정성이 독자의 마음과 온전히 맞닿기를, 그리하여

이 책이 그들의 여정에 작은 이정표가 되기를 꿈꾼다.

내 10여 년의 성취 중 하나인 이 책은 혼자 쓴 것이 아니다. 내 이야기에 진정성으로 출판까지 함께 해준 권정민 대표님, 나의 든든한 지지자들인 가족과 그레이스, 그리고 친구들에게 고마움을 전하고 싶다. 언론계에서나 인생에서나 멘토 역할을 자처하는 박 선배, 그리고 기꺼이 책의 소제가 되어주신 대표님들, 회사에서 마주한 선후배님들까지 모두 감사의 마음을 전한다.

무엇보다 이 책을 끝까지 읽어준 당신에게 감사하다. 이 책을 집어들었다는 사실 자체가 당신이 이미 성취의 길 위에 서있다는 증거다. 당신이 성취를 하나씩 이뤄갈 때 이 책이 미력하게나마 도움이 되었다면 저자로서 그만한 '성취'가 있을까 싶다.

2026년 2월,

김섭